BIAS COGNITIVI

La guida completa. Cambiare il modo di pensare e prendere decisioni migliori capendo come funziona il cervello.

Jason Art

Contenuti

4

INTRODUZIONE

Non si può negare l'intelligenza dell'essere umano medio. Siamo costantemente innovativi e facciamo passi da gigante in settori come l'alimentazione, la salute pubblica, i progressi tecnologici e altro ancora. D'altra parte, il nostro cervello è anche responsabile di molti comportamenti stupidi. Si può credere di essere un pensatore ragionevole che arriva alle proprie opinioni attraverso la logica e le prove, ma non è così. Una prova su tutte, sono gli errori collettivi, come quelli visti durante la recente crisi economica, poiché l'errore di una persona non è bilanciato da quello di un'altra.

Anche se il cervello umano è il più potente dell'universo, dobbiamo fare i conti con diversi fattori che ci impediscono di ragionare sempre. Non sempre siamo in grado di fare le scelte migliori a causa della presenza di pregiudizi e di altri fattori come le nostre esperienze precedenti, le nostre opinioni, i nostri sentimenti e così via. La nostra mente utilizza spesso scorciatoie logiche, ma fallibili, chiamate euristiche.

Il nostro pensiero è influenzato da pregiudizi cognitivi ed euristiche in diversi modi, in particolare quando cerchiamo di fare una scelta. Una delle competenze essenziali per un marketer è la consapevolezza dei bias cognitivi. I marketer non solo devono prendere centinaia di decisioni ogni giorno, ma devono anche persuadere il loro pubblico target a fare scelte corrette che alla fine si tradurranno in conversioni.

Di conseguenza, i pregiudizi cognitivi nel marketing possono avere effetti sia positivi che negativi. Qui parleremo di alcuni dei processi meno razionali che i clienti utilizzano per effettuare le scelte di acquisto. Aumentate le conversioni e fate crescere la vostra azienda sfruttando questi pregiudizi cognitivi.

Di conseguenza, l'uso dei pregiudizi cognitivi nella pubblicità presenta vantaggi e svantaggi. Procedendo con la lettura, scoprirete perché, i clienti, non fanno sempre le scelte più razionali. Per incrementare le vendite e ampliare la portata della vostra azienda, utilizzate questi pregiudizi cognitivi a vostro vantaggio.

Il primo passo per sfruttare il potere del cervello umano è conoscere i fondamenti dei bias cognitivi nel marketing. Per imparare a utilizzare i bias cognitivi per aumentare le conversioni, è necessario innanzitutto capire cosa sono e perché si verificano.

Un bias cognitivo è una fallacia logica che emerge quando il nostro cervello cerca di dare un senso al mondo. È comune che un bias cognitivo si manifesti in modo inconsapevole. La contestualizzazione è il processo mentale attraverso il quale il cervello cerca di dare un senso alle nuove informazioni alla luce di ciò che già conosce e pensa.

Pregiudizio di sopravvivenza

Il pregiudizio di sopravvivenza, noto anche come survivor bias, si verifica quando gli investitori non tengono conto della performance di società o fondi chiusi quando valutano il mercato complessivo. In alcuni casi, ad esempio quando si analizza la performance di un fondo o di un indice di mercato, il survivorship bias può causare un'esagerazione di tali metriche.

Il pericolo di effettuare una scelta d'investimento non informata, sulla base dei dati storici sulla performance dei fondi d'investimento, è noto come "survivorship bias".

- Quando si considerano solo i vincitori e si ignorano i perdenti che sono scomparsi, si parla di "pregiudizio di sopravvivenza".
- Ciò può accadere quando si valuta la performance di un indice di mercato o di un fondo comune di investimento che è stato fuso o chiuso (dove i titoli che sono stati eliminati dall'indice per qualsiasi motivo vengono scartati).
- Se si ignorano gli scarsi risultati, la performance media dell'indice o dei fondi rimanenti, viene artificialmente incrementata a causa di un bias di sopravvivenza.

A causa di un fenomeno noto come "survivor bias", è più probabile che i fondi attualmente disponibili sul mercato degli investimenti siano considerati riflessivi dell'insieme. Il gestore degli investimenti, ha chiuso molti fondi d'investimento per motivi diversi, mettendo i fondi rimanenti al primo posto nell'universo degli investitori e dando origine al fenomeno noto come "survivorship bias".

Le cause potenziali della cessazione dell'attività di un fondo sono molteplici. Molti analisti tengono traccia delle conseguenze delle chiusure dei fondi e ne riferiscono, richiamando l'attenzione sul survivorship bias. I ricercatori seguono spesso il survivorship bias e le chiusure dei fondi per valutare i modelli storici e includere nuove dimensioni nel monitoraggio della performance dei fondi.

L'impatto del survivorship bias è stato oggetto di diverse ricerche accademiche.

Chiusure finanziarie

Le cause principali della liquidazione di un fondo sono due. In primo luogo, l'interesse per il fondo potrebbe non essere sufficiente a rendere redditizio il fatto di rimanere aperto e accettare nuovi investimenti. In secondo luogo, il gestore degli investimenti può decidere di chiudere un fondo a causa degli scarsi rendimenti. La maggior parte delle chiusure si basa sui risultati.

La chiusura di un fondo si ripercuote immediatamente sugli investitori che vi hanno investito. In genere le aziende presentano due opzioni per la chiusura di un fondo. In primo luogo, tutte le quote degli investitori vengono vendute e il fondo viene completamente liquidato. L'investitore potrebbe dover registrare questo reddito o questa perdita.

Come seconda possibilità, il fondo potrebbe decidere di fondersi con un altro. Gli azionisti possono talvolta trarre i maggiori benefici da una fusione di fondi, in quanto essa facilita un'eccezionale rotazione delle azioni esente da imposte. Tuttavia, a causa di questa transizione, il survivorship bias potrebbe essere preso in considerazione quando si discute la performance dei fondi fusi.

Completamento del closing del nuovo investitore

La chiusura di un fondo a nuovi investitori è molto diversa dalla chiusura totale del fondo. La chiusura a nuovi investitori può indicare che il fondo è molto apprezzato e che sta ricevendo un interesse significativo da parte di chi cerca rendimenti superiori alla media.

Bias di sopravvivenza inverso

Il termine "reverse survivorship bias" descrive il fenomeno meno tipico per cui i titoli meno performanti vengono lasciati continuare a giocare mentre le loro controparti più performanti vengono eliminate. L'indice Russell 2000, che comprende solo i 2000 titoli più piccoli del Russell 3000, illustra il fenomeno della sopravvivenza inversa.

Se una società non ha successo, rimarrà piccola e nell'indice delle small-cap, ma se ha successo, uscirà dall'indice e diventerà troppo grande per essere inclusa.

Bias di conferma

La propensione umana nota come "bias di conferma", si verifica quando si leggono nuove informazioni, alla luce della propria visione del mondo preesistente. Il pregiudizio di conferma, può essere considerato come: il "ragazzo del sì" nella vostra testa, che vi induce a credere che, tutto quello che pensiate sia vero, venga supportato da prove.

Supponiamo, per amor di discussione, che tutti gli artisti condividano un certo grado di irriverenza e di capriccio. La vostra mente, esclamerà automaticamente "Ah!", quando incontrerete uno spirito libero, che è anche un pittore. "Sicuramente sarà così, tutti i creativi sono pazzi in questo senso!". Il pregiudizio di conferma influenza, non solo, la nostra interpretazione delle informazioni, ma anche il modo in cui vediamo e ricordiamo cose come: persone, luoghi ed eventi.

Le convinzioni preesistenti delle persone, vengono rafforzate, quando leggono le notizie in modo da confermare ciò che già pensano su un argomento.

vantaggi del bias di conferma nel marketing

Nel nostro ruolo di marketer, abbiamo l'opportunità di modellare il modo in cui i nostri clienti pensano ai nostri prodotti e servizi e di corroborare queste ipotesi con i dati. È per questo che preferiamo le marche commerciali a quelle di marca, perché pensiamo che abbiano un aspetto e una sensazione più costosi. Questo spiega perché, nonostante le prove scientifiche del contrario, così tante persone continuano ad acquistare e utilizzare integratori vitaminici.

Individuare le aree problematiche e presentare la propria offerta

Grazie alla pubblicità strategica, possiamo sollevare i clienti da problemi di cui potrebbero non essere nemmeno consapevoli. In questo modo si sottolinea il ruolo del nostro prodotto o servizio nel risolvere il problema. Nessuno si aspettava di usare l'iPad nella vita di tutti i giorni, eppure eccoci qua. È un tema ricorrente nel mondo dello sviluppo dei prodotti e del marketing.

Mantenere un'immagine aziendale positiva

Così come dopo aver stabilito un certo grado di notorietà del marchio, possiamo utilizzare i bias di conferma per riaffermare ciò che i clienti "già sanno" di noi. Nella mente della maggior parte dei clienti, Amazon è sinonimo di gratificazione immediata per l'acquisto di qualsiasi cosa, dal dentifricio ai mobili.

Pertanto, i consumatori continueranno ad acquistare da Amazon, anche se avrebbero potuto ottenere la merce prima, recandosi in un negozio. Il pregiudizio di conferma li porterà a credere che il ritardo sia stato un'eccezione o che la consegna sia comunque abbastanza rapida.

L'autoidentificazione degli individui con un determinato marchio

Probabilmente avrete assistito a questo fenomeno almeno una volta, se avete cercato di convincere un utente Mac a provare un PC o un utente PC a passare a un Mac. Una volta che i consumatori hanno creato un forte legame emotivo con un particolare marchio, è più probabile che credano al mito della fedeltà al marchio e si rifiutino di prendere in considerazione alternative.

Il motivo è che si identificano in qualche modo con il marchio, come sono ora o come vorrebbero diventare in futuro.

Se una persona ritiene di essere un amante della vita all'aria aperta e quindi acquista scarpe, cappotti e zaini da REI (anche se non ha mai fatto escursioni o kayak in vita sua), il marketing rivolto al suo io ideale, può contribuire a consolidare questa relazione.

Il bias di conferma nel marketing, in cui informiamo i potenziali clienti dei loro problemi e spieghiamo come fornire la risposta migliore, può essere vincente se fatto correttamente. Tuttavia, nel nostro lavoro abituale, dobbiamo essere consapevoli dell'influenza dei pregiudizi di conferma nel marketing.

Euristica della disponibilità

È fondamentale comprendere il processo decisionale del consumatore e comunicare con lui nel momento esatto della scelta, per capire le sue abitudini di acquisto. La nozione di euristica è essenziale per lo studio del comportamento dei consumatori.

Un'euristica è una regola empirica che accelera i processi decisionali e di risoluzione dei problemi. Ci aiutano a prendere decisioni rapide senza dover considerare costantemente le alternative. Un esempio è il modo in cui impariamo, col tempo, a determinare se un certo sito web è affidabile o meno. È ben strutturato o contiene molti banner pubblicitari e grafici che ci distraggono? Quando torniamo online, possiamo utilizzare questi dati per determinare rapidamente se un determinato sito web è affidabile o meno. Poiché ora sappiamo come comportarci in questa situazione, la seconda volta la scelta non richiederà più la stessa riflessione della prima.

Uno degli aspetti più importanti della ricerca di marketing è imparare come l'euristica influenzerà il pubblico target. Questo influenzerà il modo in cui condurre lo studio, consentendo di estrarre le informazioni più utili possibili.

Si tratta di un'euristica basata sulla facilità di richiamo. Ad esempio, se dovete acquistare un detersivo per il bucato, potreste pensare immediatamente a Tide. Il primo nome che vi viene in mente è quello che avete scelto senza pensarci troppo, ma se aveste avuto accesso a dati aggiuntivi, avreste potuto scegliere un'altra marca. In altre parole, spesso dipendiamo da quanto sia semplice pensare alle istanze durante la selezione di una scelta. In altre parole, la disponibilità di casi influisce direttamente sul numero totale di esempi. Di conseguenza, tendiamo a trascurare dati statisticamente (e apparentemente) essenziali ma più difficili da ricordare.

Fornire ai clienti casi di studio o altre prove del successo del vostro prodotto potrebbe aiutarli a utilizzare l'euristica della disponibilità, che suggerisce che è più probabile che raggiungano l'obiettivo desiderato se scelgono il vostro prodotto. Quando fornite ai potenziali acquirenti un assaggio degli incredibili risultati che possono aspettarsi dall'uso del vostro prodotto, non fate altro che stuzzicare il loro interesse; cementate anche nella loro mente il legame tra il vostro prodotto e la piacevole conclusione su cui hanno il controllo.

Per utilizzare efficacemente questa euristica è necessario conoscere i risultati che il mercato target si aspetta dal prodotto o dal servizio.

Quando e come usare l'euristica della disponibilità in pubblicità

- Il modo migliore per convincere le persone ad acquistare il vostro prodotto è quello di promuoverlo su un blog in cui discutete regolarmente del problema che affronta e fornite esempi di quando l'inosservanza ha portato a perdite finanziarie catastrofiche;

- un modo sicuro per incrementare le vendite è quello di includere citazioni e testimonianze in tutto il sito;

- mostrare il risultato: far vedere al lettore il risultato finale;
- presentare: far conoscere un servizio o un prodotto e il problema che risolve settimane o addirittura mesi prima del lancio ufficiale. Discutere subito dei piani di domani;
- regolate la vostra presentazione: trovate una breve frase (una tagline) che esprima l'essenza del vostro lavoro e che possa essere pronunciata in 10 secondi o meno, dovrebbe essere abbastanza semplice da ricordare;
- ripetere.

• <u>Pregiudizio per l'avversione alle perdite (Teoria del Prospetto)</u>

Secondo la teoria della prospettiva, le persone scelgono in base ai benefici che si aspettano di ottenere, piuttosto che, ai costi che prevedono di sostenere. L'idea principale della "teoria dell'avversione al guadagno", simile alla "teoria dell'avversione alla perdita", è che, date due opzioni ugualmente attraenti, una offerta in termini di profitti prospettici e l'altra presentata in termini di perdite potenziali, la persona sceglierebbe la prima.

- Secondo la teoria della prospettiva, gli investitori valutano i profitti attesi più delle perdite percepite;
- quando si può scegliere tra due opportunità di investimento ugualmente interessanti, un investitore prudente sceglierebbe quella con un maggiore potenziale di profitto;
- l'avversione alle perdite è un altro nome della teoria delle prospettive;
- Per attenuare il peso emotivo delle perdite potenziali, la teoria prospettica dell'economia comportamentale suggerisce che gli investitori dovrebbero dare priorità ai guadagni in termini di percezione;
- le persone sono più propense a scegliere una conclusione certa rispetto a una più probabile, secondo l'effetto certezza.

L'avversione alle perdite è un pregiudizio cognitivo comune che porta gli individui a sovrastimare la probabilità di evitare le perdite (si veda l'esempio delle assicurazioni). Accettiamo una perdita minore e garantita - sotto forma di pagamento assicurativo - piuttosto che rischiare una spesa considerevole, anche se la possibilità di un incidente costoso è bassa. Gli individui tendono a sovrastimare il rischio di incorrere in un grave problema di salute, anche se tale evento è statisticamente meno frequente di quanto si creda.

Nel nostro io ideale, tutti noi agiamo come decisori razionali. Nell'ambito dell'esperienza utente, di solito si discute di come le persone considerino il valore di diverse opzioni prima di prendere una decisione. Tuttavia, gli individui sono soggetti a pregiudizi cognitivi. Non sempre scelgono l'opzione razionale quando si trovano di fronte a un dilemma, ad esempio se acquistare qualcosa, fare un regalo o scegliere un livello di servizio.

Cosa preferireste, una vincita sicura di 900 dollari o una probabilità del 90% di ottenere 1000 dollari (con una probabilità del 10% di ottenere 0 dollari)? La maggior parte delle persone sceglierebbe i 900 dollari sicuri piuttosto che rischiare un risultato potenzialmente negativo. Se invece vi dicessi che potreste perdere 900 dollari o accettare una probabilità del 90% di perdere 1.000 dollari, la stragrande maggioranza di voi sceglierebbe la seconda ipotesi e assumerebbe un comportamento di rischio nella speranza di evitare la perdita.

Il metodo dell'utilità attesa, fatica a dare un senso a questo tipo di azioni. Il valore atteso di ciascuna opzione è uguale (+/- 900 dollari) in questi due scenari, calcolato moltiplicando la probabilità di successo per la vincita prevista. Tuttavia, c'è una chiara preferenza tra il pubblico in generale.

Nonostante la bassa probabilità di subire una perdita, la maggior parte degli individui agirà in modo da cercare di prevenire le perdite quando possibile. L'agonia della sconfitta spiega anche perché un giocatore d'azzardo che vince 100 dollari ma ne perde 80 si considera ancora in rosso di 20 dollari. L'impatto emotivo di una perdita è maggiore di quello di un guadagno. (Anche la sequenza degli eventi è significativa: se perdessimo 80 dollari e poi ne vincessimo 100, percepiremmo un profitto netto).

I contenuti di Internet sono spesso progettati per influenzare le scelte degli utenti facendo appello alle loro nozioni preconcette e ai loro pregiudizi. Ad esempio, se non abbiamo un'assicurazione, possiamo trovarci di fronte a una lista di eventi improbabili ma finanziariamente devastanti. Questo elenco ci prepara a prendere precauzioni contro tali perdite catastrofiche e, ci distrae dall'esiguo, ma, mensile pagamento, che faremmo per sempre per assicurarci.

Possiamo convincere le persone a svolgere attività particolari per articoli o servizi che non difendono naturalmente da perdite ingenti, imparando a conoscere le loro inibizioni. Attraverso la ricerca sugli utenti, possiamo conoscere le preoccupazioni delle persone in modo da poterle affrontare direttamente. I potenziali utenti possono esitare ad avviare una procedura di richiesta online, ad esempio, se ritengono che richieda troppo tempo o che richieda informazioni che non sono a portata di mano. Un sito web consapevole di questo pregiudizio può adoperarsi per modificarlo, ad esempio chiarendo quanto tempo richiede di solito la domanda e quali dati sono necessari.

Bias del senno di poi

Non possiamo sempre aspettarci che le persone si comportino in modo logico. I pregiudizi inconsci influenzano ogni nostra scelta, piccola o grande che sia. I pregiudizi cognitivi possono manifestarsi in vari modi. Il termine "pregiudizio del senno di poi" descrive la nostra inclinazione umana a valutare la prevedibilità di un evento, in modo diverso dopo il fatto, rispetto a prima. Il campo del marketing può beneficiare di questo fenomeno.

La frase "il senno di poi è sempre 20/20!". Dopo il fatto, è facile vedere le cose com'erano. Dopo l'accaduto, è più facile vedere come qualcosa possa essere stato previsto, un fenomeno noto come pregiudizio del senno di poi. Prevedere il risultato di un evento può essere difficile, ma spesso è più facile anticipare ciò che accadrà con il senno di poi, proprio perché già accaduto. Nonostante le impressioni iniziali, gli esperti di marketing possono trarre grandi benefici dall'intuizione fornita dal bias del senno di poi.

Molteplici "fonti di errore", come la memoria, la percezione, il pensiero e i giudizi, sono spesso coinvolte in pregiudizi come quello del senno di poi. Numerosi studi hanno dimostrato che gli effetti dei bias cognitivi possono essere replicati, fornendo ulteriori prove che questi, siano errori sistemici che gli individui commettono. Sono diversi i contesti in cui i bias cognitivi si manifestano, tuttavia, le aziende, possono sfruttare al meglio questi impatti psicologici utilizzandoli nella pubblicità e in altre aree strategiche.

Come funziona il pregiudizio del senno di poi?

Chi studia la psicologia cognitiva conosce bene il concetto di bias del senno di poi. Solo nel 1975 Baruch Fischhoff, ricercatore americano sul rischio e teorico delle decisioni, ha studiato sistematicamente questo pregiudizio cognitivo. Rispetto ad altri tipi di pregiudizio, gli effetti del bias del senno di poi sono più sottili e sfumati. Ciò che sappiamo finora suggerisce che si tratta di un pregiudizio diviso in tre parti. Fischhoff ha inizialmente ipotizzato che il pregiudizio del senno di poi fosse una fallacia unica, ma ha stabilito due sottoaspetti. In primo luogo, si tende a esagerare il grado di previsione di un evento dopo il fatto. In secondo luogo, è possibile illudersi di aver previsto un evento e di averne anticipato l'esito grazie a questo tipo di pregiudizio. Questi due elementi spesso vanno di pari passo e possono addirittura amplificare gli effetti del bias del senno di poi.

Si ritiene che la distorsione della memoria si verifichi con un "senso di inevitabilità successivamente rafforzato" e una "percezione di prevedibilità successivamente aumentata". È importante ricordare che questi tre aspetti del pregiudizio del senno di poi non sono sempre interconnessi. Tuttavia, il pregiudizio del senno di poi non è sempre evidente a causa della sua natura paradossale e del fatto che si sviluppa inconsciamente. Un evento, ad esempio, può sembrare inevitabile a posteriori, ma meno previsto.

Pregiudizio del senno di poi nel marketing

Il marketing e gli altri dipartimenti aziendali non hanno un uso esterno del pregiudizio del senno di poi. Il pregiudizio del senno di poi non è direttamente coinvolto nella comunicazione con i clienti. Tuttavia, ha un ruolo nel processo decisionale, come la scelta del miglior approccio di comunicazione di marketing, la previsione accurata delle tendenze di mercato o lo sviluppo del piano di gestione delle crisi più efficace. Le tre affermazioni seguenti illustrano in modo eccellente gli effetti del pregiudizio del senno di poi:

- no, non credo di averlo mai detto;
- che questo sarebbe accaduto era qualcosa che "chiunque" avrebbe potuto prevedere;
- l'inevitabilità era inevitabile, come ho detto.

La forma linguistica del pregiudizio del senno di poi non è difficile da vedere, nonostante la complessità del fenomeno. È essenziale fare un passo indietro e discutere la funzione e l'impatto del pregiudizio del senno di poi nelle situazioni di conflitto (come quelle che coinvolgono giudizi di marketing errati).

Tuttavia, per quanto riguarda la promozione delle vendite, il pregiudizio del senno di poi può essere utilizzato in qualsiasi scenario in cui i consumatori sopravvalutano le proprie capacità. Le persone cercano sempre di trovare prove a sostegno della loro visione del mondo e delle loro convinzioni, ma questa ricerca spesso fa loro perdere di vista l'oggettività della situazione. I clienti apprezzano le pubblicità di linee di prodotti limitate che trasmettono idee semplici che possono comprendere e a cui possono riferirsi, soprattutto quando questi valori sono ampiamente condivisi.

La scienza ha dimostrato l'esistenza del pregiudizio del senno di poi, anche se la controversia su questo aspetto cognitivo continua ancora oggi. C'è spazio per il dibattito su entrambi i lati della questione. Una scuola di pensiero ritiene che il pregiudizio del senno di poi, sia dannoso, perché impedisce il processo di autocorrezione quando si fanno previsioni o si ipotizzano fatti. La controargomentazione è che il pregiudizio del senno di poi sia un pregiudizio cognitivo utile che "elimina" i dati irrilevanti e favorisce l'apprendimento attraverso una catena di eventi eccessivamente semplificata.

- L'obiettivo di ogni campagna di marketing di successo dovrebbe essere quello di rendere i consumatori così soddisfatti della loro decisione di acquisto da darsi una pacca sulla spalla. Il vostro prodotto o servizio ha soddisfatto questi acquirenti perché ritengono che valga più di quanto hanno pagato.
  L'ideale è che i clienti, dopo aver acquistato nella vostra azienda, possano dire: "Sapevo che questa, sarebbe stata la migliore azienda da cui acquistare X", e che poi lo dicano ai loro amici.
- Le aziende potrebbero erroneamente pensare che l'offerta di sconti faccia aumentare le vendite. È possibile, ma potrebbero esserci anche degli svantaggi. I clienti possono diventare sensibili ai prezzi, ad esempio, se sono condizionati ad anticipare gli sconti e ad aspettare di fare acquisti fino a quando non si verifica un'occasione.
  Ora, se si tenta di eliminare gli sconti, si può assistere a una significativa perdita di reddito. Nel 2012, questo è ciò che è accaduto ai profitti di JC Penney.

I risultati degli esperimenti di marketing possono essere falsati se non sono stati progettati in modo corretto, dando luogo a falsi positivi, statistiche gonfiate o nessun risultato apparente. Poi, a posteriori, si utilizzerà il pregiudizio del senno di poi per spiegare i risultati.

Ecco perché è saggio stabilire degli standard per ciò che funziona e ciò che non funziona.

Supponiamo che io voglia testare se l'aggiunta di un'immagine alla mia newsletter possa migliorare il tasso di clic. Il successo della campagna può essere dedotto dall'aumento del CTR (click through rate-percentuale di click) della newsletter, compresa la grafica.

Il CTR più alto può essere dovuto a diverse ragioni, alcune delle quali non ho ancora esaminato, come: l'oggetto, la call to action, ecc... Ecco perché è fondamentale introdurre l'obiettività nei vostri piani e organizzare i vostri sforzi in modo efficace.

Bias di ancoraggio (priming)

I ricercatori cognitivi hanno scoperto l'effetto di ancoraggio, spesso noto come euristica di ancoraggio. Si tratta di un pregiudizio cognitivo che si manifesta ogni volta che si deve fare una scelta.

L'effetto ancoraggio si basa sull'idea che i giudizi delle persone siano inconsciamente influenzati da qualsiasi informazione immediatamente disponibile, indipendentemente da quanto irrilevante possa essere. Il decisore può ricevere queste informazioni di proposito o scoprirle per caso.

Ancoraggio inconscio e consapevole

Per spiegare il primo scenario, possiamo usare il termine "priming" per descrivere l'effetto in gioco. In altre parole, gli individui compiono scelte basate sui dati che hanno inconsciamente raccolto dall'ambiente circostante.

Per dimostrarlo, Kahneman e Tversky hanno organizzato un esperimento. Hanno fatto girare una ruota del destino e poi hanno indovinato quale percentuale di Stati membri dell'ONU si trovasse in Africa. Sorprendentemente, più grande è il raggio d'azione di una persona, più nazioni crede di aver visitato.

Tuttavia, esiste anche la possibilità di un ancoraggio intenzionale, in cui è in gioco l'euristica dell'aggiustamento. Uno di questi casi si verifica quando i dati su cui lavorare sono molto scarsi. Quando si trovano di fronte a una scelta, si "ancorano" all'informazione più recente che hanno, indipendentemente da quanto sia irrilevante per l'intero quadro.

Esaminiamo un esempio. La risposta di una persona alla domanda su quanto sia disposta a pagare per una bevanda a base di caffeina con ingredienti che rafforzano le difese immunitarie si baserà probabilmente sul prezzo di una normale tazza di caffè, perché non ha alcuna base per stimare il costo del prodotto sconosciuto se non la sua somiglianza percepita con il caffè.

L'euristica dell'ancoraggio è piuttosto difficile da evitare. Nonostante la nostra consapevolezza, siamo comunque vulnerabili a caderci. Sia gli esperti che i non addetti ai lavori sono suscettibili di subire i sottili effetti dell'effetto di ancoraggio.

Quali sono esattamente i meccanismi alla base dell'effetto di ancoraggio?

L'effetto di ancoraggio è il sottoprodotto di un'euristica o di una scorciatoia mentale che ci aiuta a prendere decisioni più velocemente.

Da un punto di vista evolutivo, l'uso dell'euristica ha perfettamente senso, poiché spesso non c'è abbastanza tempo per acquisire, elaborare e analizzare tutti i dati necessari per fare una scelta informata. Nell'età della pietra, gli individui dovevano giudicare in una frazione di secondo quando vedevano un animale selvatico in avvicinamento: c'era un pericolo imminente o era sicuro ignorare l'animale? La posta in gioco non poteva essere più alta. Inoltre, questa premessa fondamentale è rilevante anche oggi. La verità è che tutti noi affrontiamo la giornata utilizzando scorciatoie mentali e regole empiriche.

Poiché sono automatiche, il cervello ci risparmia molto tempo e fatica. Quando la nostra attenzione viene improvvisamente e inaspettatamente attirata da qualcosa, ci impegniamo in una cognizione deliberata e controllata. Considerate le implicazioni. Se siete guidatori esperti, potete guidare con il pilota automatico durante il tragitto quotidiano verso l'ufficio, ma prenderete nota di qualsiasi costruzione stradale lungo il vostro percorso. Ci affidiamo a escamotage mentali, quando il nostro cervello è sovraccarico di lavoro, preoccupato o sotto pressione.

L'effetto di ancoraggio, quindi, è un pregiudizio cognitivo basato sull'euristica.

Poiché studi successivi hanno smentito questa idea e le ipotesi concorrenti continuano ancora oggi, non è chiaro perché gli esseri umani siano suscettibili all'euristica dell'ancoraggio.

L'effetto di ancoraggio nel marketing: esempi reali

Il priming è un potente strumento utilizzato da molti team di marketing per influenzare le decisioni dei consumatori.

La scelta del nome di un'azienda è un esempio eccellente di come ciò si applichi. Critcher e Gilovich, hanno condotto una ricerca che ha dimostrato che gli avventori di un ristorante chiamato "Studio 97" erano disposti a spendere in media 8 dollari in più rispetto agli avventori di un ristorante chiamato "Studio 19".

Tuttavia, se il nome della vostra azienda è ben noto nel settore, non avete nulla da temere. L'effetto di ancoraggio può essere utilizzato anche in molti altri contesti. Esaminiamo le tattiche che hanno dimostrato di funzionare meglio.

Innanzitutto, cercate i numeri che finiscono con 99

A che scopo i prezzi vengono arrotondati al segno di dollaro successivo? Questo perché il numero subito prima della cifra decimale serve come una sorta di ancora per l'acquirente.

Ciò è stato dimostrato da uno studio sulle penne condotto da Kenneth Manning e David Sprott. Ai partecipanti è stata data la possibilità di scegliere tra due penne a sfera identiche della stessa qualità. La prima costava solo 1,99 dollari, mentre l'altra 3. Sapete cosa è successo? L'82% dei partecipanti ha scelto la penna più economica. L'esperimento è stato ripetuto, ma questa volta i prezzi sono passati a 2 e 2,99 dollari. La penna più economica è stata scelta dalla maggioranza degli intervistati (56%). Qual è il motivo? Con la seconda serie di penne, l'impatto della differenza di prezzo è stato minore. Ogni giorno, quei centesimi potrebbero significare migliaia di entrate in più per un'azienda.

Se si tiene conto dell'imballaggio dei prodotti e dei successivi aumenti di prezzo, l'effetto 99 potrebbe durare molto di più.

In secondo luogo, considerate la possibilità di ampliare il vostro catalogo

Potete aumentare le entrate del vostro negozio online facendo alcune scelte calcolate sui prodotti che fornite. In un primo momento, molte persone penserebbero che 40 dollari siano troppi per una maglietta in cotone biologico. La percezione dei clienti di una maglietta da 40 dollari cambierà quando la si vedrà accanto a una maglietta di qualità da 99 dollari.

Le aziende focalizzate, utilizzano l'effetto ancoraggio per stabilire i prezzi delle loro offerte principali, spesso fornendo tre punti di prezzo per i loro prodotti: basso, medio e alto. L'offerta di fascia estrema innalza le aspettative di prezzo dei clienti per la scelta intermedia. Questa strategia è stata ripetutamente convalidata dalla ricerca. Le vendite dell'offerta di fascia media aumentano quando è disponibile anche una versione "premium" più costosa, anche se non c'è alcuna differenza percepibile in termini di qualità o portata tra le due.

Terzo, aumentare il fascino delle riduzioni di prezzo

Mostrate sempre una percentuale di sconto per far sembrare le riduzioni di prezzo più consistenti. I clienti non hanno modo di sapere quanto risparmieranno quando vedono i prezzi già ridotti, quindi lasciate il doppio prezzo, in modo che possano vedere con i loro occhi la differenza, e non abbiate il rischio che si sentano presi in giro.

Applicare la "regola del 100" come stima approssimativa: I prodotti con un prezzo inferiore a 100 dollari dovrebbero avere uno sconto in percentuale. Un articolo che passa da 5 a 4 dollari è un affare del 20%, molto più interessante di una riduzione di 1 dollaro. Tuttavia, se si tratta di un prodotto che costa più di 100 dollari, è necessario indicare un valore monetario per il risparmio. Se il prezzo iniziale era di 200 dollari, una riduzione di 50 dollari è più interessante di uno sconto del 25%.

È possibile utilizzare le percentuali anche nell'altro modo. A un occhio inesperto, gli aumenti di prezzo in percentuale sembrano più ragionevoli di quelli in dollari. Nei contratti, ad esempio, questo aiuta a ridurre le cancellazioni da parte dei consumatori.

Quarto, Promuovere prodotti in bundle e abbonamenti annuali

La maggior parte delle aziende di servizi digitali e SaaS utilizza oggi modelli di abbonamento. Invece di decidere ogni mese se rinnovare o meno, è nell'interesse dell'azienda che i clienti si impegnino in un piano di pagamento annuale. Con l'aiuto dell'effetto di ancoraggio, è possibile convincere i clienti a sottoscrivere questo tipo di abbonamento.

Ad esempio, mostrate il prezzo mensile uguale al prezzo stabilito sulla base dello stesso range temporale, leggermente più alto, rispetto a quello che il consumatore pagherebbe per rinnovare ogni mese, e offrite un piccolo sconto per l'opzione di iscrizione annuale. Quando la scelta è tra, il piano annuale e quello mensile, molti clienti optano per quest'ultimo.

Lo stesso principio può essere utilizzato per i beni tangibili, confezionandoli insieme a un prezzo totale scontato rispetto alla somma dei loro costi. I clienti sono più propensi a scegliere il bundle a causa del prezzo unitario più elevato, che rappresenta un'ancora e li motiva all'acquisto.

Quinto: aumentare i prezzi gradualmente

Esiste un modo per aumentare i prezzi senza perdere i clienti abituali? Consideriamo l'esempio di Apple. Negli ultimi anni le aziende hanno aumentato costantemente i loro costi, nonostante gli oppositori sostengano che la tecnologia sottostante non sia progredita più di tanto. Quando i prezzi vengono aumentati in modo incrementale nel tempo, l'acquirente vede la differenza come trascurabile ed è disposto a pagarla. I clienti sono più disposti a pagare per miglioramenti incrementali piuttosto che per un unico significativo e costoso rilascio.

Bias egocentrico

Quando si attribuisce alla propria opinione più valore di quanto sia giustificato, si parla di pregiudizio egocentrico.

In un articolo del 1983, Brian Mullen della Murray State University ha esplorato le radici e le cause del pregiudizio egocentrico. L'articolo di Mullen, motivato dalla dimostrazione di Ross et al. dell'effetto di falso consenso, esaminava la tendenza a sopravvalutare il consenso.

Per valutare se il pregiudizio egocentrico derivi da una distorsione percettiva e involontaria della realtà o da uno sforzo consapevole e intenzionale di apparire normativi, Mullen ha studiato il game show della NBC "Play the Percentages".

I candidati di questo studio erano coppie sposate della classe media di età compresa tra i 20 e i 30 anni.

Come riscaldamento per il gioco, il pubblico in studio ha ricevuto una serie di domande di curiosità all'inizio di ogni episodio e la percentuale di risposte esatte è stata registrata. I concorrenti di ogni turno di gioco hanno fatto delle ipotesi sull'equilibrio delle reazioni corrette.

Un concorrente può guadagnare fino a 100 punti rispondendo correttamente a una singola domanda di trivia e vincendo poi la percentuale delle risposte rimanenti per le quali ha indovinato di più. Cento dollari sono stati assegnati alla prima coppia che ha raggiunto 300 punti e altri premi sono stati messi in palio nei round bonus del gioco. Per questo motivo è stato fantastico che il programma abbia incoraggiato misure oggettive di accordo.

L'analisi dei dati ha rivelato che "il bias egocentrico del falso consenso era evidente nonostante il forte incentivo a stimare in modo imparziale l'accordo".

Questa indagine dà credito alla teoria secondo cui i pregiudizi egocentrici derivano da percezioni errate piuttosto che da una deliberata volontà di apparire nella media.

Da un punto di vista psicologico, i ricordi sembrano essere immagazzinati nel cervello in modo egoistico, concentrandosi sull'individuo per rendere l'evento più significativo e più facile da ricordare.

Poiché il senso di sé è meno consolidato nei primi anni di vita, potrebbe essere difficile rievocare i ricordi di quel periodo, poiché le connessioni tra il sé e il passato sono più deboli.

Inoltre, il pregiudizio egocentrico potrebbe aver avuto origine nell'epoca dei cacciatori-raccoglitori, quando i gruppi erano spesso abbastanza piccoli e interdipendenti da permettere ai membri di pensare ragionevolmente che i loro vicini condividessero la loro visione del mondo. Potremmo aver risparmiato energia mentale e comunicato in modo più efficace con una prospettiva più orientata all'io.

Esempio

In una ricerca giapponese del 1993, è stato chiesto ai partecipanti di elencare casi di azioni giuste e ingiuste, proprie e altrui, come esempi di pregiudizio egocentrico. Spesso iniziavano i loro saggi sulla condotta appropriata con "io" piuttosto che con "altri". Allo stesso modo, iniziavano le azioni ingiuste con "altri" invece che con "io".

Ciò dimostra che gli individui preferiscono attribuire a sé stessi i risultati e le buone azioni, mentre attribuiscono agli altri la responsabilità dei fallimenti e dei cattivi comportamenti.

Inoltre, in questa ricerca sono state scoperte delle disparità di genere: le donne giapponesi, rispetto agli uomini, ricordavano le azioni degli altri più delle proprie ed erano anche più propense a definire la condotta giusta o ingiusta degli altri rispetto a quella di sé stessi.

Nel suo esperimento, il posizionamento di uno specchio di fronte agli individui induceva uno stato di autoconsapevolezza, che portava alla scomparsa dell'egocentrismo.

A causa della mancanza di autoconsapevolezza, una persona può credere che qualcosa sia giusto per lei anche se non lo è per gli altri. Pertanto, la giustizia era un concetto relativo che dipendeva dalla prospettiva di chi la osservava.

La consapevolezza della propria intrinseca bontà e obiettività elimina qualsiasi pregiudizio. Gli individui consapevoli dei propri pregiudizi sono stati giudicati ingiusti, sia in eccesso che in difetto nei confronti di sé stessi e degli altri.

Si ipotizza che gli individui abbiano ottenuto questi risultati perché la conoscenza della loro consapevolezza ha aumentato la loro preoccupazione per l'equità percepita nei pagamenti, contrastando le loro inclinazioni egoistiche.

Secondo un'altra ricerca, è stato dimostrato che il pregiudizio egocentrico influisce sui giudizi di giustizia. In questo studio, i partecipanti hanno valutato il pagamento eccessivo come più giusto rispetto al pagamento eccessivo agli altri e il pagamento insufficiente a sé stessi come meno appropriato rispetto al pagamento insufficiente agli altri.

Effetto Pigmalione Bias

L'effetto Pigmalione è una teoria manageriale che spiega come motivare i lavoratori mediocri a migliorare le loro prestazioni. Le origini dell'effetto Pigmalione sono descritte in dettaglio, insieme ai suoi vantaggi e svantaggi e a un esempio di come potrebbe essere implementato e valutato.

L'effetto Pigmalione afferma che "le aspettative che si hanno su una persona possono alla fine costringerla ad agire e a comportarsi in modi che confermano tali presupposti".

L'effetto Pigmalione nel marketing

Ora sappiamo fino a che punto possono spingersi i nostri e altrui sforzi per cambiare la prospettiva di un individuo o di una comunità, la mentalità di un pubblico specifico o di un mercato target nel marketing.

Il nostro obiettivo come marketer, specialisti SEO, media manager, community manager, influencer o chiunque si trovi nella catena alimentare del Digital Marketing è quello di infondere nei nostri clienti la fiducia di poter diventare i fan più devoti del nostro marchio o, più in generale, del marchio e del prodotto che gestiamo.

Cosa dobbiamo fare esattamente?

Non difendiamo nello specifico il marchio della nostra azienda, il suo processo produttivo o le sue motivazioni d'essere, non sottolineamo quanto sia "meraviglioso" il nostro marchio o prodotto o quanto sia fondamentale per soddisfare un bisogno specifico, ma convinciamo i clienti a pensare che siano apprezzati e sostenuti dalla nostra azienda per aver scelto il nostro marchio e i nostri prodotti e che, di conseguenza, possano ottenere un maggiore successo nella vita.

Facciamo sì che si trovino in uno stato d'animo tale, da sapere che il nostro prodotto migliorerà la loro vita e si sentano in dovere di raccontare agli altri l'impatto positivo che ha su di loro, ogni volta che ne avranno l'occasione. Dovranno credere nella superiorità del prodotto che stanno usando per convincere gli altri a utilizzarlo.

Sarete sbalorditi dai risultati. Il vostro piano di marketing dovrebbe includere strategie per influenzare le opinioni degli altri. Tenetelo a mente. Se crediamo di essere la versione più accettabile di noi stessi, agiremo di conseguenza.

Effetto alone distorto

L'effetto alone descrive l'impressione favorevole che i consumatori hanno della produzione di un'azienda quando hanno avuto buone esperienze con singoli prodotti di quell'azienda. Il potere del marchio, la fedeltà e l'equità possono essere tutti attribuiti all'effetto alone.

L'effetto corno è l'opposto dell'effetto alone e prende il nome dalle corna del diavolo. Quando i clienti hanno un incontro terribile con un prodotto, identificano automaticamente lo stigma con l'intero marchio.

- L'effetto alone è spesso ricercato dalle aziende nella speranza di attirare clienti nuovi e di ritorno;
- lo psicologo americano Edward L. Thorndike ha usato per la prima volta il termine "effetto alone" in uno studio pubblicato nel 1920;
- le aziende di successo sfruttano l'effetto alone, per elevare il proprio profilo e consolidare la propria posizione di leader di mercato;
- se il marchio di un'azienda è universalmente apprezzato, i consumatori saranno più propensi ad acquistare le nuove offerte e a rimanere fedeli all'azienda. In caso contrario, i nuovi prodotti potrebbero ereditare le connotazioni negative del vecchio marchio;
- l'effetto corno si verifica quando un'azienda offre un prodotto di qualità inferiore che mina la sua reputazione favorevole sul mercato.

La scienza dietro l'effetto alone

L'effetto alone si genera quando un'azienda si basa sui propri punti di forza. La visibilità, la reputazione e la brand equity dell'azienda traggono vantaggio da una maggiore attenzione ai prodotti e ai servizi più venduti.

Intuitivamente, i clienti preferiscono gli articoli e i servizi associati a marchi noti dopo averli incontrati piacevolmente. Questa convinzione prescinde dall'esperienza del cliente. Se un'azienda eccelle in un settore, eccellerà anche in altri, si pensa. Questa presunzione può spingere un'azienda a grandi altezze, aprendo le porte all'introduzione di molti altri prodotti.

Alti livelli di brand equity derivano dall'influenza positiva dell'effetto alone sulla fedeltà dei consumatori, sulla percezione e sul passaparola. Le aziende di successo utilizzano l'effetto alone, per elevare il proprio profilo e consolidare la propria posizione di leader di mercato. Il successo di un prodotto ha un effetto domino sulle vendite di prodotti simili, grazie all'impressione duratura che lascia nella mente degli acquirenti. In definitiva, l'effetto alone può aiutare le aziende a incrementare la loro quota di mercato e i loro guadagni, scoraggiando i clienti dall'acquistare prodotti simili dai concorrenti.

L'effetto alone a livello di prodotto

Il termine "effetto alone" si riferisce al modo in cui una caratteristica di un prodotto può alterare il modo in cui i clienti vedono le altre caratteristiche e il prodotto nel suo complesso. Ad esempio, i clienti possono avere una cattiva impressione dell'affidabilità del prodotto solo in base al suo aspetto estetico, anche se non esiste una relazione causale tra i due fattori. Allo stesso modo, se il design visivo di un prodotto è ben realizzato, i consumatori ne avranno un'impressione più favorevole, indipendentemente dalla qualità di quegli aspetti che non hanno nulla a che fare con il design stesso.

In questo esperimento, ai partecipanti è stata presentata una delle due versioni di quella che, secondo le informazioni ricevute, era la pagina di login di un'app.

Ai partecipanti alla prova è stato poi chiesto di assegnare un punteggio a numerosi elementi delle funzionalità e dell'estetica previste dall'app. I risultati principali di questo test sono presentati qui sotto.

In sintesi, i risultati dell'esperimento indicano che l'effetto alone ha influenzato in modo significativo il punteggio delle aspettative dei partecipanti sull'applicazione dopo aver visto la schermata di accesso. Se la schermata di accesso è esteticamente gradevole, gli utenti avranno impressioni positive sull'app nel suo complesso. In altre parole, senza una conoscenza esplicita di queste caratteristiche e senza aver dato un'occhiata più che superficiale alla pagina di login, i clienti hanno dedotto dal design le aspettative sul prodotto nel suo complesso.

Questi risultati hanno ramificazioni cruciali: la prima è che le opinioni delle persone su un prodotto possono essere fortemente influenzate da una singola qualità, come l'estetica, e la seconda è che le impressioni iniziali possono essere formate sulla base di pochissimi dati. In questo scenario, le impressioni delle persone sul design e sulle altre qualità di una pagina di login, sono state profondamente influenzate da un solo sguardo a un'immagine della pagina. Le prime impressioni, e l'importanza delle caratteristiche chiave, sono cruciali, ma le opinioni delle persone possono cambiare quando imparano a conoscere meglio il prodotto.

L'effetto alone a livello di marchio

Non deve sorprendere che l'effetto alone si manifesti anche nel modo in cui pensiamo e parliamo dei marchi. Le aziende che attuano iniziative di CSR (Corporate Social Responsability) di successo, ad esempio, possono subire meno contraccolpi da parte dell'opinione pubblica sulla scia di una stampa sfavorevole. La buona impressione che i consumatori hanno di un'azienda può estendersi a settori di cui sanno poco o nulla, come il processo di produzione, se l'azienda si impegna in attività di responsabilità sociale in un ambito per loro visibile, come il riciclaggio.

Bias da stanchezza decisionale

Tutti noi a volte ci stanchiamo di fare delle scelte. La quantità di energia mentale rimanente, diminuisce, quando facciamo delle scelte. Tutti, compresa la vostra clientela, risentono della difficoltà di fare scelte, poiché ne facciamo di più.

In realtà, i clienti, in particolare quelli con minori disponibilità economiche, sono più inclini a sperimentare la fatica decisionale perché devono soppesare i vantaggi dell'acquisto di un prodotto rispetto a un altro, il che può comportare molte decisioni.

Infine, ci sono gli acquirenti su Internet. Ci sono milioni di prodotti su Amazon e talvolta decine di migliaia in altri negozi.

Ne consegue che è fondamentale evitare di lesinare anche su aspetti apparentemente insignificanti, poiché gli acquirenti raramente riescono a separare completamente le numerose qualità di un prodotto. E ricordate: che si tratti della scatola in cui arriva l'articolo, della homepage del vostro sito web o di qualsiasi altra cosa legata al vostro prodotto, la prima impressione è fondamentale. Infine, vale la pena di notare che le forze in gioco nel nostro esempio possono funzionare anche al contrario: l'effetto alone può avere un impatto positivo sulle opinioni dei clienti su un prodotto. Pensate a come utilizzare queste informazioni a vostro vantaggio quando create un prodotto; una cosa così semplice come cambiare i colori utilizzati o il modo in cui il testo è spaziato può avere un impatto notevole sull'opinione che i clienti hanno del vostro prodotto e sulla quantità di denaro che guadagnate. Sfruttate le opportunità più semplici.

Fatti positivi e negativi

L'indecisione e le sue implicazioni di marketing hanno lati positivi e negativi. Per cominciare, può avere conseguenze sfavorevoli. I clienti possono sentirsi sopraffatti da tutte le opzioni e non scegliere affatto.

I clienti possono rimandare l'acquisto a causa della stanchezza decisionale, che può portare a una perdita di fatturato se nel frattempo un rivale si aggiudica la loro attenzione.

Ma ci sono anche dei potenziali lati positivi. I prodotti piccoli e facili da acquistare (spesso caramelle) sono frequentemente presenti vicino alle casse dei supermercati e di altri negozi. La mente affaticata del consumatore rende più difficile resistere alla tentazione di acquistare cibi non salutari. Questo tipo di acquisti viene anche definito come: acquisto d'impulso.

L'acquisto d'impulso, non è quasi mai mosso da una reale esigenza del compratore.

Quando si fanno acquisti online, non è raro che al momento del pagamento dell'ordine vengano presentati articoli correlati. In questa fase del processo di acquisto, i clienti sono più ricettivi agli upsell e ai componenti aggiuntivi di valore inferiore, poiché sono affaticati.

Implementare la fatica decisionale nel vostro marketing

Le vendite online richiedono l'inclusione di queste strategie nella vostra strategia pubblicitaria. D'altra parte, c'è spazio per la partecipazione di altre piattaforme.

Pubblicità sui social media

Bisogna innanzitutto considerare il momento ottimale in cui i lettori decidono cosa leggere dopo. Ricordate sempre che i link condivisi sui social media di solito indirizzano il traffico verso il vostro sito web.

Inoltre, siamo consapevoli che le notti e i fine settimana registrano un calo di engagement sui social media. Di conseguenza, i post dovrebbero essere pubblicati tra le 8 e le 10 del mattino, le 13 e le 15 e le 18 e le 20 del pomeriggio.

Email promozionali

Il metodo migliore per aumentare le vendite è l'email marketing. Molti individui hanno trovato il successo inviando e-mail come prima cosa al mattino. Ma è possibile che non sia questo il caso. Experian ha scoperto che le e-mail inviate tra le 20.00 e la mezzanotte potrebbero essere più efficaci. Questo perché i clienti potrebbero ancora sfogliare le loro caselle di posta, ma potrebbero essere esitanti a fare un acquisto, come le caramelle alla cassa.

Altri hanno suggerito che l'invio di e-mail dopo i pasti e durante gli spostamenti potrebbe incrementare le vendite. In realtà, bisogna considerare a chi si sta parlando.

Inoltre, potreste considerare di diminuire il numero di servizi offerti ai clienti. Limitate le loro opzioni, ma rendete le vostre e-mail più rilevanti per i lettori analizzando il loro comportamento, tracciando la loro attività sul web e dividendoli in segmenti specifici.

Aumentare i profitti

Includete la fatica decisionale nella vostra strategia di marketing? Forse è arrivato il momento di farlo. È utile per promuovere sia i prodotti di grande valore che quelli più modesti. È tutta una questione di tempismo e di anticipazione del grado di elaborazione cognitiva necessaria al cliente per fare una scelta.

Evitare la stanchezza da decisione dell'acquirente: Tre strategie

Le azioni sfortunate causate dalla stanchezza decisionale possono far apparire una buona opzione come scadente. Il primo passo per identificare questo problema è tenere a mente i segnali comportamentali sopra citati. Quando un cliente mostra segni di stanchezza decisionale, cosa si deve fare?

Ecco alcune cose che potete fare per aiutarci.

Ottenere potenziali clienti di prima mattina

Se sapete che il vostro interlocutore sarà troppo stanco per concentrarsi durante una riunione tardiva, cercate di spostarla al mattino o al primo pomeriggio del giorno successivo. Oltre a sentirsi rivitalizzati e pieni di vigore mentale, gli studi dimostrano che le persone che fanno un sonnellino sono più inclini a dirvi la verità.

Non cercate di fare troppe cose in una sola volta

Esiste una correlazione tra la stanchezza decisionale e la falsa percezione di sovraccarico di informazioni. Dopo una giornata pesante, il vostro collega potrebbe non essere dell'umore giusto per discutere con voi i dati della sua business unit o per spiegarvi il suo piano.

È meglio mantenere la presentazione breve e diretta, se ci si rende conto che il cliente si sta stancando di fare delle scelte. Non buttate via le informazioni, ma pensate in modo critico a ciò che è importante. Concentratevi sui singoli e non preoccupatevi del fuoricampo.

Dovete imparare quando è giusto rimandare una riunione

Annullare l'appuntamento se non si fanno progressi con il cliente.

Sospiri di disinteresse, lunghe pause e l'incapacità di ricordare il materiale di cui si è parlato in precedenza, sono tutti indicatori del fatto che potrebbe essere il momento di arrendersi e andare avanti.

Non mettete a dura prova il rapporto con il cliente continuando a fare una telefonata sbagliata, ma offritegli un po' di tempo libero. Inoltre, potrete dimostrare la vostra sensibilità e comprensione dedicandogli del tempo in più.

La difficoltà nel diagnosticare la fatica decisionale deriva dall'incapacità del "potenziale paziente" di riconoscerne i sintomi. A differenza della stanchezza fisica, la stanchezza mentale non è sempre evidente ai sensi umani, pertanto, non è qualcosa che un venditore dovrebbe chiedere apertamente.

Dovete valutare i livelli di vitalità dell'acquirente e agire di conseguenza. I venditori possono ottenere il massimo dalle conversazioni con i clienti potenziali se sanno individuare i sintomi della stanchezza decisionale e adottare misure per combatterla.

La fallacia dei costi irrecuperabili

Le spese che sono già state sostenute, ma che non possono essere recuperate, sono note come "costi sommersi".

Tenendo conto di un sufficiente investimento passato, è ragionevole investire più risorse in una scelta ("costo sommerso"). Questo anche se le informazioni emergenti suggeriscono che le spese correnti di questa azione supereranno presto i benefici previsti.

Dove si verifica questo pregiudizio

Facciamo finta che qualche settimana fa abbiate speso 50 dollari per un biglietto per vedere la vostra band preferita. Il giorno dello spettacolo non vi sentite bene e fuori diluvia. Anche se sapete che il traffico sarà terribile e che potreste sentirvi male durante l'esibizione, volete comunque partecipare. La sensazione è che gli aspetti negativi siano più numerosi di quelli positivi, quindi perché avete comunque intenzione di partecipare al concerto?

Il termine per definire questo errore è "costi sommersi". Siamo più propensi a mantenere la nostra linea se abbiamo già investito tempo o denaro in una scelta. Questo ci porta spesso a ignorare informazioni che suggeriscono un cambiamento di rotta, come l'impatto di una malattia o del maltempo sull'evento in questione.

Effetti individuali

A fini finanziari, i "costi irrecuperabili" si riferiscono a spese che sono già state effettuate ma che non possono essere recuperate.

I 50 dollari spesi per i biglietti del concerto nell'ultimo scenario sarebbero andati persi indipendentemente dal fatto che si sia andati o meno. Poiché è illogico basare una scelta presente su un'ipotesi di recuperabilità futura, questa considerazione dovrebbe essere ignorata. Poiché gli investimenti passati non possono essere recuperati indipendentemente dal fatto che la scelta venga effettuata o meno, dovremmo considerare i costi e i benefici futuri solo se ci comportiamo in modo logico.

Se prendiamo in considerazione fattori diversi dalle opzioni disponibili, abbiamo commesso la fallacia dei costi sommersi e quindi esprimiamo giudizi illogici. Questo errore ha conseguenze negative in molti aspetti della nostra vita.

Questi risultati possono variare dal rimanere con una relazione infelice per anni a causa dell'investimento emotivo che abbiamo fatto su di essa, al continuare a spendere soldi per ristrutturare un vecchio immobile quando sarebbe più conveniente acquistarne uno nuovo.

L'effetto ondulazione

Non sono solo le scelte banali e quotidiane, come andare a un concerto, a risentire della fallacia dei costi irrecuperabili. È stato dimostrato che influisce anche sulle scelte dei governi e delle aziende.

La fallacia del Concorde è un esempio ben noto dell'influenza della fallacia dei costi irrecuperabili sulle scelte importanti. La costruzione del Concorde, il primo aereo di linea supersonico operativo al mondo, fu discussa per la prima volta nel 1956 durante una riunione del Supersonic Transport Aircraft Committee. Il progetto prevedeva un investimento totale di circa 100.000.000 di dollari, con il contributo dei produttori di motori francesi e britannici e dei governi di entrambi i Paesi. I costi continuarono a crescere ben prima della conclusione del progetto, ed era ovvio che i profitti derivanti dall'utilizzo dell'aereo non sarebbero stati sufficienti a coprirli. Ma il progetto andò avanti. Le aziende e i governi continuarono a lavorare sul progetto, visto che avevano già investito tanto tempo e denaro. Il Concorde ha perso milioni di dollari per questo motivo ed è rimasto in servizio solo per circa 30 anni.

Enormi somme di denaro, tempo e sforzi vanno persi se i governi e le grandi imprese sono soggetti a fallacie cognitive come la fallacia dei costi irrecuperabili, poiché i costi irrecuperabili non verrebbero mai recuperati indipendentemente dal fatto che il progetto venga abbandonato. I governi devono evitare la fallacia dei costi irrecuperabili, ma quando lo fanno, rischiano di danneggiarci perché vengono utilizzati fondi pubblici.

Perché è importante

Questa sezione ha dimostrato che la fallacia dei costi irrecuperabili non riguarda solo le scelte piccole e immediate, ma anche quelle grandi e a lungo termine, come dimostrano i diversi casi forniti. A causa della fallacia dei costi irrecuperabili, facciamo scelte che non sono nel nostro interesse. Prendiamo decisioni che non sono più convenienti per noi perché siamo fissati sui nostri investimenti precedenti piuttosto che sulle spese e sui vantaggi del presente.

La fallacia dei costi irrecuperabili è un circolo che si autoalimenta perché continuiamo a investire risorse in progetti in cui abbiamo precedentemente investito tempo ed energia. Siamo più propensi a portare avanti la nostra scelta e a dedicare più tempo, energia e denaro se percepiamo un interesse personale nel risultato.

Esempi

Una centrale elettrica la cui costruzione è costata 20 milioni di dollari non ha alcun valore in quanto non è stata completata (e non è possibile venderla o recuperarla).

O si spendono altri 10.000.000 di dollari per completare la fabbrica o si spendono 500.000 dollari per costruire una nuova struttura analoga.

Il primo investimento è già un "costo sommerso", quindi dovrebbe essere evidente che abbandonare il progetto e costruire la struttura alternativa è la scelta migliore.

Il completamento del progetto può essere scelto se i decisori non sono ragionevoli o hanno incentivi impropri.

Tendenza alla reciprocità

Quando riceviamo un favore, il concetto di reciprocità indica come ci sentiamo obbligati a fornire un beneficio analogo a chi lo offre. Le persone sono più disposte a cedere il proprio indirizzo e-mail in cambio di contenuti gratuiti, come spesso accade con i lead magnet sui siti web.

Come una comune cortesia, la "reciprocità" nel marketing consiste nel dare qualcosa di valore ai clienti attuali o futuri in cambio della loro assistenza.

I legami duraturi con i clienti sono un'estensione naturale dei legami più solidi, più significativi e più stabili che questo concetto promuove tra noi e le comunità in cui viviamo. L'utilizzo di questa idea è fondamentale per far sì che i clienti agiscano come voi desiderate.

La reciprocità come strategia di marketing

Se utilizzata in modo appropriato, la reciprocità è uno strumento eccellente per attrarre nuovi consumatori e rafforzare le relazioni con quelli attuali.

Si pensi alla pratica di offrire sconti e omaggi per incoraggiare i consumatori all'acquisto. Questo è un altro esempio di lead magnet, quando viene offerto un omaggio allettante, come un ebook, in cambio del vostro indirizzo e-mail. Questi sono ottimi casi di marketing che sfruttano i concetti psicologici.

Inoltre, può creare reddito con pochi o nessun investimento pubblicitario, incoraggiando la promozione del passaparola tra i consumatori esistenti. Questo metodo può anche essere utilizzato per aumentare rapidamente il numero di potenziali clienti. È importante tenere presente, tuttavia, che se questo standard venisse implementato in modo non corretto, potrebbe avere conseguenze indesiderate.

Quindi, se volete che la vostra azienda si distingua e venga notata da clienti nuovi e di ritorno, dovete applicare metodi autentici. Anche se è naturale che le aziende vogliano concludere affari, i loro metodi non devono sembrare troppo manipolativi. Assicuratevi che non ci sia sciatteria nelle prime fasi di implementazione.

Ecco un esempio: supponiamo che siate sul mercato per un computer portatile e che il venditore abbia appena finito di presentare i vari modelli e di illustrare i rispettivi prezzi. Tuttavia, il venditore vi offre una borsa per il portatile senza alcun costo aggiuntivo. Senza dubbio vi sentirete obbligati a comprare. Invece di farvi capire che vuole che facciate un acquisto, questo venditore ha usato un omaggio (una borsa per computer portatile) per convincervi a spendere soldi con lui. Vi sentirete quasi sicuramente a disagio.

Per favore, non prendete questa strada! Mantenete le cose il più naturali possibile. I clienti non compreranno da voi se pensano che vi preoccupiate di realizzare un profitto a loro spese piuttosto che fornire un valore autentico.

Autenticità e reciprocità vanno a braccetto

Quando si parla di marketing, non si può avere l'uno senza l'altro: autenticità e reciprocità vanno di pari passo. Se si tralascia uno di questi elementi, la propria strategia di marketing sarà probabilmente vista come una presa in giro.

L'obiettivo principale della combinazione dei concetti di autenticità e reciprocità è quello di aiutarvi a fare una buona prima impressione senza creare false aspettative di restituzione.

Sarebbe utile convincere i clienti che stanno ricevendo qualcosa di valore da voi, per evitare che pensino di fornirvi qualcosa di più prezioso in cambio dei vostri servizi.

Ripensate all'analogia della vendita del portatile che ho usato prima. Questo è un classico caso di come la finzione possa ritorcersi contro. Se, invece, i clienti trovano più vantaggioso ciò che vendete, è più probabile che riusciate a convincerli a diventare clienti paganti. Si tratta di far sentire al consumatore che sta vincendo.

Tipi di reciprocità

Tutti i numerosi tipi di reciprocità di cui abbiamo parlato finora possono essere raggruppati in due grandi categorie: materiale (monetaria) ed emotiva.

Scambio di valori o di denaro

La maggior parte dei casi di reciprocità materiale prevede un contatto effettivo tra le parti. Un esempio universale è quello di regalare una lavatrice a un nuovo vicino. Se si fa qualcosa di buono per un vicino, questi potrebbe sentirsi obbligato a fare qualcosa di piacevole per voi.

Nel mondo aziendale, alcune forme comuni di incentivo sono i punti fedeltà, le commissioni di referral e gli sconti su acquisti futuri.

Reciprocità emotiva

In questa fase, dovreste dire agli altri qualcosa che li aiuti a sentirsi bene con sé stessi, ad esempio:

- come sempre, apprezzo la vostra attenzione a questo problema;
- è stata una gioia lavorare con voi e un piacere conoscervi.

Quando fate sentire bene qualcun altro con le vostre parole, sente un bisogno innato e inconscio di ricambiare il favore.

Aiutare qualcuno senza aspettarsi nulla è un esempio di reciprocità emotiva.

Se è vero che l'offerta di premi tangibili può incoraggiare i clienti a ricambiare il favore, non bisogna mai trascurare il valore di una risposta empatica quando si tratta di costruire relazioni durature con la clientela. I clienti che si sentono apprezzati sono più propensi a tornare per acquisti futuri.

Effetto Dunning Kruger

Come bias cognitivo, l'effetto Dunning-Kruger fa sì che le persone credano nella loro superiorità mentre, in realtà, sono molto meno capaci di quanto pensino.

L'effetto Dunning-Kruger è una sorta di eccesso di fiducia nelle proprie capacità che si verifica quando il livello di talento effettivo è basso rispetto alle aspettative per il lavoro. I consumatori e le aziende che non dispongono delle informazioni necessarie fanno scelte sbagliate. Inoltre, la mancanza di conoscenza impedisce all'individuo o all'organizzazione di riconoscere i propri difetti.

Comprendere l'effetto Dunning-Kruger

Nel 1999, i ricercatori David Dunning e Justin Kruger hanno inventato il termine "effetto Dunning-Kruger". Secondo loro, le persone raramente si rendono conto di quanto non sanno, soprattutto quando lavorano in un settore in cui non sono ben addestrati. Gli individui possono sopravvalutare il proprio talento a causa di un fenomeno che Dunning e Kruger hanno definito "meta-ignoranza", o ignoranza dell'ignoranza.

L'effetto Dunning-Kruger nel mondo degli affari

Questo oblio si estende anche ad altre persone. È possibile che chi non è consapevole delle proprie debolezze pensi di essere migliore degli altri in qualche altro modo. In netto contrasto con chi eccelle in ciò che fa, questo individuo non è molto bravo. Poiché sa di più, si rende conto di quanto ci sia ancora da imparare. L'istruzione è l'unico metodo per far sì che un individuo non istruito ammetta di essere incapace di fare qualcosa.

L'effetto Dunning-Kruger: una soluzione pratica

Dato il diffuso fraintendimento dell'effetto Dunning-Kruger, è essenziale fare un passo indietro e valutare il quadro generale prima di fare scelte affrettate nel presente. Per attenuare l'impatto prima che faccia altri danni, considerate quanto segue.

Pensare in modo critico a tutto ciò che l'azienda fa. Vale a dire, è possibile fare qualcosa in modo più intelligente, più efficace o più economico? Si potrebbe guadagnare di più se si modificasse la gestione della catena di approvvigionamento? Cosa ne pensate del cambio di software per le paghe?

Pensate a come migliorare la cultura della vostra azienda. I supervisori dovrebbero cercare di vedere le cose dal punto di vista dei lavoratori per valutare le loro capacità di leadership. Quanto sono gentili, razionali, giusti e aperti al compromesso? La domanda è se seguire un corso di leadership li aiuterebbe o meno a svilupparsi come leader.

Esaminate il modo in cui la vostra azienda interagisce con i clienti. Le aziende devono considerare il modo in cui i loro clienti li percepiscono come interlocutori. Quanto siete educati e premurosi nelle conversazioni online e offline? L'azienda prende in considerazione i suggerimenti?

L'umiltà e il pensiero critico sono le chiavi per superare l'effetto Dunning-Kruger. La cosa peggiore che può capitare a un'azienda o a una persona è che si ponga delle domande per rendere più efficienti le proprie ipotesi e le proprie procedure.

L'effetto Ben Franklin

Ben Franklin scoprì che le persone sono più propense a ricambiare un favore di quanto lo sarebbero state se lo avessero ricevuto. Si potrebbe anche pensare alle parole di Benjamin Franklin: "Colui che vi ha fatto una volta una gentilezza sarà più desideroso di farne un'altra di colui che avete costretto". Questo metodo semplice può essere utilizzato per conquistare le persone o per farle sentire in obbligo nei vostri confronti.

Se si possiedono due concetti, credenze, atteggiamenti o punti di vista psicologicamente incoerenti tra loro, si può sperimentare una condizione di tensione nota come dissonanza cognitiva.

In che modo potete utilizzare l'Effetto Ben Franklin per relazionarvi meglio con il vostro pubblico di riferimento?

I sostenitori del marchio, o consumatori affezionati, sono essenziali per la crescita e il successo di un'azienda. Per ottenerli, è necessario stabilire un legame emotivo con il proprio mercato di riferimento. L'effetto Ben Franklin può essere utile in questo caso: se chiedete a qualcuno un piccolo favore, sarà più disposto ad aiutarvi in futuro e avrà un'impressione più favorevole di voi in generale.

Considerate la possibilità di chiedere un piccolo favore ai potenziali consumatori, ad esempio un "mi piace" su Facebook. A lungo andare saranno più propensi ad acquistare da voi.

Gli psicologi hanno teorizzato che la dissonanza cognitiva rende efficace l'Effetto Ben Franklin. Quando i nostri pensieri e le nostre azioni non sono in linea, tendiamo a modificare le nostre convinzioni di conseguenza.

Per approfondire, noi esseri umani tendiamo a dire a noi stessi che se la persona a cui abbiamo fatto il favore non ci fosse già piaciuta, non l'avremmo fatto in primo luogo, innescando così il desiderio di elargire un'altra gentilezza.

Ecco i passi per aumentare la fedeltà dei clienti utilizzando l'Effetto Ben Franklin:

- rivolgetevi a qualcuno che non è un amico per chiedere aiuto;
- qualsiasi giustificazione arbitraria è sufficiente per ottenere il loro consenso;
- se vi hanno fatto un favore, la loro mente cercherà un motivo razionale;

- la loro mente avrà difficoltà a collegare le azioni nei vostri confronti con la gratitudine per la vostra gentilezza;
- fate in modo che si sentano in grande considerazione.

Come si può applicare questo principio nel marketing per aumentare la fedeltà dei clienti?

Sono disponibili diverse aperture promozionali, soprattutto nell'e-commerce e nel design di prodotto, dove si possono richiedere piccoli favori per fidelizzare i consumatori.

Informatevi il meno possibile!

Piccoli favori chiesti e ricompensati possono portare a un maggiore coinvolgimento nell'uso futuro di un prodotto. "Piccoli" è la parola chiave.

Tra il 50% e il 60% degli utenti delle app non le utilizzerà più dopo il primo accesso. Ottenete solo il minimo indispensabile delle loro informazioni per migliorare l'esperienza dell'utente. Per questo motivo, è più probabile che il cliente rimanga nell'app più a lungo. I progettisti UX/UI possono chiedere ulteriori informazioni all'utente quando necessario.

Eventbrite, un'applicazione per la gestione e la vendita di biglietti per eventi, ha bisogno semplicemente di un codice postale per farlo. Dopo che un utente decide di iscriversi a un evento, l'app richiede il suo indirizzo e-mail.

In questo caso vale la regola d'oro: mantenere la semplicità!

Richiedere un piccolo favore, come le opinioni. Una strategia efficace in questo senso consiste nel massimizzare l'uso degli strumenti di automazione per configurare le richieste nei punti di contatto.

Si può, ad esempio, programmare un chatbot che appaia quando un cliente effettua un ordine e chieda informazioni sulla sua soddisfazione del servizio, oppure si può redigere un'e-mail da inviare non appena il consumatore riceve la merce. È giusto fare richieste occasionali di aiuto o di favori se si vogliono vedere dei progressi.

Dissonanza cognitiva

Il termine "dissonanza cognitiva" descrive la sensazione di disagio causata da una disparità tra due concetti o opinioni. Quando gli individui sperimentano la dissonanza cognitiva, spesso cercano un modo per eliminare l'apparente incoerenza. Di solito le persone sono in grado di elaborare da sole queste emozioni ambivalenti.

La dissonanza cognitiva può manifestarsi in diversi modi, i più comuni dei quali sono i seguenti:

- una contraddizione in sé che sfida il ragionamento;
- una discrepanza tra il proprio stato mentale e le proprie azioni;
- un'idea ampiamente accettata che in seguito si rivela falsa.

Ci sono diversi contesti in cui può sorgere la dissonanza cognitiva. Consideriamo il caso di una persona tipicamente parsimoniosa, ma che vorrebbe acquistare un'automobile nuova e costosa. In questo caso, il tentativo di risparmiare denaro e l'acquisto di un'auto nuova sono in diretta opposizione. Lo stesso vale per gli appassionati di sport che possono tifare per una squadra per tutta la vita, ma avere un debole per un giocatore dell'altra squadra.

La dissonanza cognitiva è un termine usato nel marketing che si riferisce alle incongruenze tra le motivazioni dell'acquirente e le sue impressioni contrastanti sul marchio o sulla qualità di un prodotto. I migliori marketer considerano tutti i fattori che potrebbero influenzare la scelta di acquisto di un cliente prima di fare un'offerta. Se un cliente sta vivendo una dissonanza cognitiva e il conflitto può essere risolto acquistando il prodotto, il marketer cercherà probabilmente di persuaderlo a farlo.

La dissonanza cognitiva del marketing e come risolverla

Esistono diversi metodi che gli esperti di marketing possono utilizzare per ridurre il senso di dissonanza cognitiva dei clienti. Le strategie possono consistere nel rassicurare i clienti, aumentare la loro fiducia nel prodotto o differenziarlo dalla concorrenza. Seguite questi cinque semplici passi per utilizzare la dissonanza cognitiva nelle vostre campagne di marketing:

infondere fiducia ai clienti

Una strategia utilizzata dai marketer per far sì che i clienti superino la dissonanza cognitiva è quella di fare appello alle loro convinzioni profonde. Risolvere i problemi che possono sorgere con le scelte dei consumatori può essere l'obiettivo di ogni buona campagna, e questo obiettivo può essere raggiunto rafforzando un'idea esistente. La convinzione potrebbe essere l'immagine di sé, nel qual caso il prodotto dell'azienda verrebbe commercializzato a coloro che si considerano intelligenti.

Mantenere un tono costante

Il successo di una campagna di marketing può essere migliorato se colpisce il pubblico di riferimento adottando una voce in linea con le sue aspettative. Se, ad esempio, i materiali di marketing di un'azienda tendono ad avere un tono scanzonato e colloquiale, potrebbe essere opportuno provare un approccio più positivo per aiutare i clienti a superare ogni potenziale dissonanza cognitiva. Il logo, la combinazione di colori e lo slogan possono influenzare la sensazione complessiva di una campagna pubblicitaria.

Includere dettagli pertinenti

Una strategia per ridurre la dissonanza cognitiva consiste nel fornire ai clienti informazioni che supportino la loro visione del mondo preesistente. La strategia di marketing di un'azienda potrebbe includere testimonianze, ricerche indipendenti e opinioni di esperti. Questa strategia mira a persuadere i clienti che il marchio di un'azienda è l'opzione migliore facendo appello al loro lato logico.

Utilizzare un richiamo emotivo

Nella maggior parte dei casi, le aziende vogliono far sentire i clienti soddisfatti quando utilizzano i loro prodotti. Inoltre, possono tentare di dissipare le paure o le preoccupazioni dei clienti. Facendo appello alle emozioni del cliente, possono aggirare le barriere logiche che impediscono al cliente di completare l'acquisto. Una campagna può aumentare la soddisfazione del cliente nei confronti di un prodotto sottolineandone le qualità superiori. Questo potrebbe convincere i clienti ad acquistare il prodotto nonostante le loro preoccupazioni sul prezzo.

Affrontare un problema esistente

I clienti possono essere meno propensi ad acquistare quando hanno un problema. Un punto dolente è spesso una preoccupazione relativa a un prodotto, ad esempio quanto costa o quanto dura. Di solito, le ragioni per cui i clienti non acquistano un prodotto sono rivelate dalle ricerche di mercato. Di conseguenza, gli esperti di marketing possono adattare i loro messaggi per risolvere questi problemi.

Effetto esca

Un bias cognitivo noto come effetto esca si verifica quando la scelta delle persone si sposta da un'alternativa a un'altra quando viene offerta una terza opzione che è asimmetricamente dominante. Di fronte a una scelta tra due alternative molto simili ma più costose (l'esca), i consumatori sono più inclini a selezionare la seconda.

L'effetto esca, noto anche come effetto attrazione o effetto dominanza asimmetrica, è un fenomeno osservato nel marketing in cui le preferenze dei clienti tra due alternative si spostano quando viene introdotta una terza opzione che è asimmetricamente dominante. Si ha una scelta asimmetricamente dominante quando una scelta è migliore sotto tutti i punti di vista, mentre l'altra è inferiore sotto alcuni aspetti ma superiore sotto altri.Per riformulare, un'opzione domina completamente (cioè è migliore di) l'altra, in termini di caratteristiche che, alla fine, portano alla decisione finale del consumatore, mentre l'altra opzione domina in qualche modo. Una quota maggiore di acquirenti opterà per la scelta dominante quando è disponibile l'alternativa dominata in modo asimmetrico, rispetto a quando non è disponibile. Pertanto, l'opzione dominata asimmetricamente è una distrazione progettata per aumentare il sostegno all'alternativa dominante. Anche il postulato dell'indipendenza delle alternative irrilevanti della teoria delle decisioni viene infranto dall'effetto esca. Per dirla in altro modo, mentre si sceglie tra due alternative, la presenza di una terza scelta meno desiderabile potrebbe spostare la preferenza.

Ripercussioni personali

Nonostante i nostri sforzi, l'effetto esca può portarci a mangiare più cibo del necessario. Quando viene fornita un'alternativa esca vicina a quella che gli esperti di marketing vogliono promuovere, giudichiamo in base a ciò che sarebbe più vantaggioso e meglio rispondente al nostro obiettivo.

I venditori e i pubblicitari usano l'effetto esca per farci credere di aver preso una buona decisione quando, in realtà, siamo stati solo ingannati. Nella maggior parte dei casi, l'effetto esca ci spinge a scegliere l'alternativa più costosa.

Effetti sistemici

Le aziende e le organizzazioni utilizzano le esche come uno dei principali metodi di marketing. Le aziende ci "spingono" a spendere più soldi del previsto quando acquistiamo i loro prodotti. Essere costantemente ingannati dall'effetto esca può rovinare il nostro conto in banca e persino la nostra salute.

Il consumo eccessivo di bevande analcoliche e di altri pasti non salutari è legato a diversi problemi di salute in futuro, e questi prodotti vengono talvolta spinti con delle esche. Le abitudini alimentari inadeguate sono state collegate a vari problemi di salute, tra cui le malattie cardiovascolari e diverse malattie croniche. Tuttavia, l'esca non si limita ai pasti sbagliati. L'uso di esche è comune tra i rivenditori di elettronica di consumo, cosmetici, abbigliamento e accessori.

Espedienti di determinazione dei prezzi volti a trarre in inganno

Quando il decoy pricing viene utilizzato come approccio di marketing, i guadagni aumentano, così come la percezione generale dell'articolo o del servizio pubblicizzato. I marketer e i pubblicitari utilizzano il decoy pricing per far sembrare l'articolo in questione più conveniente rispetto alle alternative più economiche. In altre parole, i consumatori sono indotti a pensare che i prodotti più costosi siano migliori di altri della stessa fascia di prezzo.

Sebbene le persone siano suscettibili ai metodi di marketing ingannevoli, è possibile riconoscerne l'utilizzo analizzando più a fondo la situazione. Nel materiale supplementare di questo articolo, trattiamo l'argomento "Come evitare di essere persuasi dall'effetto esca".

Che effetto ha il decoy pricing sui consumatori?

Dal punto di vista psicologico, gli esseri umani sono influenzati dall'effetto esca. In genere, ciò avviene attraverso una delle tre strategie di marketing già sperimentate. Gli elementi in questione sono:

- pregiudizio della percezione;
- impatto diluitivo del compromesso;
- influenza dell'attrazione;
- filtro soggettivo.

Il termine "percezione selettiva" descrive la naturale inclinazione della mente umana a semplificare eccessivamente situazioni complesse. I consumatori che hanno più di un prodotto tra cui scegliere sono più propensi a scegliere quello che si distingue visivamente o che offre il miglior valore.

Cosa succede quando si scende a compromessi

I responsabili del marketing possono aumentare la disponibilità dei loro clienti ad acquistare prodotti al valore mediano facendo appello "all'effetto compromesso", che si basa sull'idea che i consumatori preferiscono accontentarsi di opzioni intermedie quando hanno una scelta.

Gli acquirenti sono più propensi a scegliere l'opzione più costosa quando possono scegliere tra tre articoli identici. I clienti tendono a ritenere che l'opzione più economica sia quella di qualità inferiore e meno efficace. Come per le opzioni a basso prezzo, anche per quelle ad alto prezzo si presume che siano di qualità superiore e che abbiano più funzioni di cui la maggior parte degli utenti ha bisogno. Poiché sembra offrire il maggior numero di funzionalità pur essendo ragionevole, i clienti sono più propensi a scegliere il prodotto con il valore mediano.

Influenza dell'attrazione

In questo contesto, i termini "effetto esca" e "effetto attrazione" sono sinonimi. Il termine "effetto attrazione" descrive il comportamento dei clienti che cambiano la loro scelta quando viene loro offerta una terza opzione più desiderabile.

L'effetto riflettori

Quello che chiamiamo "essere sotto i riflettori" è un sintomo di un fenomeno più generale noto come effetto riflettori, in cui gli individui sovrastimano costantemente il grado di attenzione degli altri nei loro confronti. Questo pregiudizio si manifesta regolarmente nella nostra vita quotidiana, sia in contesti favorevoli sia in contesti negativi, ad esempio, quando facciamo una presentazione eccellente e pensiamo erroneamente che tutti i presenti siano entusiasti della nostra performance, oppure, come quando facciamo un fiasco alla presentazione e pensiamo che tutti ne stiano ridendo alle nostre spalle.

La sopravvalutazione di quanto gli altri notino il vostro modo di apparire e di comportarvi è un pregiudizio cognitivo noto come Effetto Riflettore. Il cervello ci illumina, facendoci credere di essere al centro dell'attenzione degli altri.

Tutti noi esistiamo nelle nostre bolle e il nostro cervello utilizza l'euristica per dare un senso al mondo in base a ciò che abbiamo imparato a conoscere di noi stessi. È naturale che perdiamo di vista il fatto che le nostre vite non sono le uniche al mondo. Poiché siamo così consapevoli di ogni nostra mossa, pensiamo erroneamente che tutti gli altri lo siano.

Tendiamo a esagerare il fatto che gli altri ci notino, ma questo non significa che nessuno ci stia prestando attenzione; significa solo che le persone che ci prestano attenzione sono meno numerose di quanto pensiamo.

L'effetto Ikea

Gli esperti di marketing utilizzano diversi fattori psicologici per convincere i clienti ad acquistare i loro prodotti. Le organizzazioni si sforzano di ampliare l'impatto delle loro iniziative pubblicitarie. Sono stati ottenuti risultati positivi utilizzando l'Effetto IKEA.

Il nome della nota azienda svedese di mobili IKEA, che offre una varietà di prodotti che il cliente deve assemblare, è l'ispirazione per questo bias cognitivo. L'effetto IKEA descrive come i consumatori attribuiscano un valore maggiore agli articoli con un certo input durante la fase di progettazione. Apprezzeremmo di più un oggetto se avessimo partecipato alla sua realizzazione: questo è l'effetto IKEA riassunto in una frase. Pertanto, gli individui sono disposti a pagare un premio per il senso di orgoglio e la maggiore fiducia in sé stessi che deriva dall'esperienza.

Uno studio pubblicato nel 2011 ha coniato il termine "Effetto IKEA". La WTP (willingness to pay) dei partecipanti per le loro rane/crani origami, era molto più alta di quella dei non partecipanti. I partecipanti hanno attribuito ai loro lavori lo stesso valore degli oggetti origami professionali. L'idea guida è stata riassunta come "Sforzo uguale amore". L'effetto IKEA fa sì che le persone siano desiderose di spendere di più. Questo pregiudizio cognitivo è dimostrato dal successo dei kit di piatti pronti da cucinare, che includono materie prime, set per il fai-da-te (DIY) e abbigliamento su misura.

L'effetto Ikea: come metterlo in pratica

Secondo la ricerca, ci sono tre requisiti perché si verifichi l'effetto Ikea:

- sforzo;
- mostra di abilità;
- completamento.

Non basta che i partecipanti si impegnino, devono anche essere in grado di portare a termine l'attività. Le ricerche dimostrano che la disponibilità a pagare dei partecipanti cala quando non portano a termine un esperimento. Non c'è stato nemmeno l'effetto Ikea quando hanno creato il progetto e poi hanno dovuto smontarlo.

Lezioni imparate in pubblicità:

innanzitutto, fate usare il vostro prodotto. I progettisti di app, ad esempio, potrebbero incoraggiare gli utenti a riflettere e a essere originali durante la creazione dei conti, fornendo dati di esempio, impostazioni predefinite e modelli personalizzabili.

In secondo luogo, lasciate che altri modifichino il vostro prodotto come meglio credono. Nike, ad esempio, consente agli acquirenti di creare le proprie calzature. I clienti possono scegliere la tonalità, il modello di cucitura e i miglioramenti funzionali che desiderano. Inoltre, sono disposti a spendere il doppio per averle.

Sollecitate commenti, suggerimenti e idee dalla vostra clientela. I clienti si sentiranno più coinvolti nell'azienda se verrà chiesto loro un feedback e se si cercherà di reagire.

Presentate opportunità che siano stimolanti senza essere troppo impegnative. Desiderate che le persone portino a termine l'azione che volete che compiano, quindi se il vostro prodotto comporta un certo lavoro (come la compilazione di un modulo per l'iscrizione all'app), non fategli fare più di quanto possano gestire.

Infine, rendete le cose più fantasiose. Secondo i risultati di Dahl e Moreau (2007), i consumatori sono più soddisfatti quando hanno poche opzioni e poche opportunità di esercitare la loro creatività durante il processo di assemblaggio del prodotto.

Errore di attribuzione fondamentale (False Attribution Bias)

Negli ultimi dieci anni, il tema dei pregiudizi cognitivi ha generato una grande letteratura. Libri sull'illogicità delle persone si possono trovare in abbondanza se si esplora il reparto di psicologia di Barnes & Noble o se si cerca su Amazon "decision-making".

L'eccesso di fiducia e il pregiudizio di conferma sono solo due esempi di pregiudizi cognitivi che influenzano le persone e le loro decisioni quotidiane. Tuttavia, l'errore fondamentale di attribuzione potrebbe essere il difetto cognitivo più significativo e preoccupante condiviso dagli esperti.

I pregiudizi cognitivi come questi influenzano spesso le interazioni delle persone con il mondo. Se volete avere successo come manager nel mondo degli affari, dovete conoscere questi pregiudizi e sapere come influenzano le vostre azioni e decisioni.

Qual è esattamente l'errore di attribuzione di base?

Le persone spesso commettono quello che gli psicologi chiamano "errore di attribuzione di base", quando attribuiscono erroneamente gli atti degli altri al loro carattere o alla loro personalità piuttosto che a circostanze esterne e incontrollabili. Tendete a essere indulgenti con voi stessi, mentre pretendete la perfezione da tutti gli altri.

Se avete mai incolpato un "dipendente pigro" di essere arrivato in ritardo a una riunione, per poi inventare una spiegazione per voi stessi il giorno stesso, avete commesso la fallacia di attribuzione fondamentale.

La visione sbagliata del mondo delle persone è la causa principale dell'errore di attribuzione di base. Mentre voi probabilmente capite chi siete e cosa vi guida e vi influenza, di solito è difficile avere un quadro completo della vita di un'altra persona. I suoi effetti negativi sugli affari e sulla vita quotidiana possono essere mitigati nello stesso modo in cui possono esserlo i pregiudizi di conferma e di eccessiva fiducia.

Come evitarlo?

Considerate l'ultima occasione in cui avete ritenuto che un collega o un professionista dell'assistenza clienti meritasse di essere licenziato per scarso rendimento. Quanto spesso cercate di comprendere gli elementi contestuali che influenzano le prestazioni di questa persona? Forse una volta ogni morte di papa.

Poiché l'errore di attribuzione fondamentale ha origine nella mente umana, potrebbe non essere facile da sradicare. L'espressione di gratitudine è una strategia che può essere utilizzata per combattere le FAE. Se ci si arrabbia con una persona, a causa di un "aspetto" negativo che mostra, può essere utile scrivere un elenco di cinque tratti positivi che rappresenta a sua vota. In questo modo si otterrà un'immagine più completa del collega, consentendo di vederlo come un insieme, e non come il riflesso di un particolare difetto.

D'altra parte, potreste cercare di sviluppare la vostra intelligenza emotiva attraverso la pratica. Nel settore aziendale, "intelligenza emotiva" è una parola d'ordine degli ultimi 20-30 anni. Tuttavia, significa sviluppare la propria capacità di autoconsapevolezza, empatia e autoregolazione per servire i propri e gli altrui interessi a lungo termine. Un buon punto di partenza è parlare con i colleghi dei loro pensieri sui progetti e della loro vita personale al di fuori del lavoro per capire meglio le loro prospettive.

La guarigione totale dalla FAE non è possibile. Ma potete essere più gentili ed empatici con i vostri colleghi aumentando la vostra autoconsapevolezza e utilizzando alcuni semplici strumenti e metodi; rendersi conto di essere suscettibili a pregiudizi cognitivi come le FAE e lavorare attivamente per mitigarne l'impatto è un passo fondamentale per diventare un manager più efficace.

Effetto Bandwagon

Il termine "effetto bandwagon" si riferisce alla naturale inclinazione del cervello umano a ritenere che un elemento sia attraente semplicemente perché lo è per molti individui.

Questo bias cognitivo descrive la tipica inclinazione a seguire la guida degli altri, anche se ciò contraddice i propri valori o obiettivi.

Saltare sul carro è un termine peggiorativo che deriva dalle espressioni "salire sul carro" e "saltare sul carro", che significano entrambe interessarsi o seguire un'attività per acquisire l'approvazione o l'attenzione degli altri. È spesso collegato a coloro che copiano le azioni degli altri senza analizzarle a fondo. Il termine "mentalità del gregge" o "groupthink" descrive bene questa situazione.

Da dove nasce questo modo di dire?

L'espressione "saltare sul carro" è stata usata per la prima volta nella politica americana nel 1848, da cui è derivato il nome. Dan Rice, un noto clown del circo dell'epoca, girava per tutto il Paese facendo comizi politici sul retro del suo carro.

Esempi di "effetto bandwagon".

Il settore della vendita al dettaglio, sia in negozio che online, così come altri settori, forniscono diversi esempi dell'effetto bandwagon in azione. Di seguito trovate alcuni esempi:

- nel settore alimentare e delle bevande, i clienti scelgono spesso un vino in base all'aspetto "vuoto" dello scaffale, presumendo che un marchio famoso sia esaurito. I consumatori sono indotti all'acquisto dagli acquisti fatti da altri;
- quando si tratta di tendenze di abbigliamento, molti individui prendono spunto dalle loro celebrità preferite e dalle icone della cultura pop;
- quando un artista riesce finalmente a sfondare nel mondo della musica, la sua popolarità esplode perché sempre più persone lo ascoltano, lo suggeriscono ai loro amici e lo condividono sui social media;
- quando si tratta di dominare i rispettivi mercati, le nuove piattaforme dipendono spesso dall'effetto bandwagon, come dimostra l'aumento di

popolarità di TikTok, quando gli utenti hanno visto che i loro amici lo utilizzavano;

- le persone sono più inclini a votare per un candidato politico popolare o che si vede andare bene nei sondaggi. È importante tenere presente questo fenomeno psicologico quando si prendono decisioni importanti che influenzeranno il resto della vita.

Sfruttare l'effetto bandwagon nel marketing

1. **Apparire popolari - utilizzare tattiche di scarsità**

   La sensazione di popolarità di una persona può essere un catalizzatore significativo dell'effetto bandwagon. Una delle forme più comuni di pubblicità nell'era digitale è l'impressione che un prodotto o un servizio sia l'opzione più ovvia e diffusa.

   È dimostrato che limitare l'offerta in negozio aumenta le vendite. Come quando si prenota un hotel e c'è "solo una camera rimanente"! Oltre alla mancanza di tempo, l'apparente popolarità dell'hotel convince l'utente che si tratta di un'opzione valida, quindi è più probabile che prenoti lì.

2. **Governare il settore e apparire ovunque**

   la conseguenza della semplice esposizione a qualcosa. Più i consumatori sono esposti al vostro marchio, più questo sembrerà loro familiare e desiderabile. Un aumento delle vendite che "si diffonde a macchia d'olio" con il diffondersi della popolarità del marchio.

   Sempre prendendo come esempio il settore alberghiero, i viaggiatori più accorti confrontano i prezzi su molti siti per trovare il miglior soggiorno possibile. Pertanto, non dovrebbe sorprendere che un hotel che compare su più siti di prenotazione come Expedia, Trivago e altri abbia maggiori probabilità di essere scelto.

3. **Essere l'argomento di discussione e non solo un accenno passeggero.**
   Incoraggiate acquirenti e clienti a "salire sul carro" integrando il vostro marchio nel loro discorso più ampio. Su siti di social media come Instagram, l'effetto bandwagon è in pieno svolgimento, con i trend setter che guadagnano milioni ispirando gli altri a seguirne l'esempio.

Anche gli hotel di fascia alta possono offrire pernottamenti gratuiti agli influencer nella speranza che questi postino foto dell'hotel e dei suoi servizi sui social media, spingendo sottilmente i loro follower a fare lo stesso.

4. **Creare un'immagine di affidabilità e di fiducia**

   Includete loghi e citazioni di clienti soddisfatti e sottolineate i dati cruciali per sostenere i casi di studio e dimostrare il vostro valore. Si tratta di un metodo collaudato per trasformare i visitatori in acquirenti per i negozi online. Il settore dell'ospitalità eccelle in questo, come dimostra l'inclusione da parte di booking.com di centinaia di recensioni di viaggiatori per ogni struttura.

Cosa può andare storto quando le persone salgono su un carro?

Anche se è vantaggioso per le masse, non significa che lo sarà per voi. Seguire le "norme" della società mentre si compiono scelte di vita importanti può essere controproducente per la ricerca della felicità di un individuo. I prossimi paragrafi ne illustrano tre caratteristiche essenziali:

Anche se chiedere il parere di altre persone o ricercare i loro punti di vista può aiutarvi a formulare una valutazione completa, ricordate che siete gli unici a poter capire veramente la vostra posizione.

Non accettare ciecamente ciò che la maggioranza ritiene giusto è fondamentale, così come sviluppare i nostri standard con cui valutare idee e azioni.

Possiamo migliorare le nostre capacità di pensiero critico valutando le idee e le azioni in base ai loro meriti piuttosto che alla popolarità.

I clienti possono fare qualcosa per evitare di saltare sul carrozzone?

L'effetto bandwagon non può mai essere eliminato, anche se può essere attenuato.

Prendersi del tempo prima di agire su un'idea o adottare un comportamento che potrebbe non essere corretto dal punto di vista etico o nel contesto dato potrebbe aiutarci a riflettere in modo critico.

Decidete per conto vostro, chiedete pure consiglio ad altri, ma fatelo al vostro ritmo, valutando i pro e i contro di ogni opzione prima di arrivare alla scelta finale in un'atmosfera priva di pressioni esterne.

Non esitate a mettere in discussione la saggezza convenzionale se ritenete che ciò porti a una risposta migliore.

Effetto cornice

Il cervello presenta un pregiudizio cognitivo noto come effetto di framing, quando esprime giudizi basati sulle informazioni in base a come queste gli vengono presentate. L'industria del marketing utilizza spesso il prodotto di framing per influenzare le scelte dei consumatori, sfruttando il fatto che le reazioni delle persone a un'informazione identica possono variare a seconda che l'opzione sia inquadrata positivamente o negativamente.

Nel 2020 abbiamo imparato molto sulla natura umana e su come vediamo il mondo che ci circonda attraverso lo studio della psicologia e di altri campi presi in analisi. Ad esempio, una stessa informazione può essere persuasiva o manipolativa a seconda della "cornice" in cui viene presentata. Di conseguenza, ciò evidenzia l'importanza del framing nella pubblicità e nell'etichettatura.

Il frame si è rivelato uno strumento indispensabile in molti campi, dall'industria assicurativa e sanitaria alla giustizia penale e al settore bancario. Di seguito abbiamo stilato un elenco di cornici e del loro impatto sulla psicologia umana per aiutarvi a comprendere meglio l'argomento.

Guadagno Frames

L'utilizzo di queste cornici, come suggerisce il nome, darà al vostro pubblico una maggiore sensazione di sicurezza sui benefici che presto inizieranno a trarre dai vostri sforzi.

Il sistema si basa sull'osservazione che la certezza dei benefici è sempre molto richiesta. Ciò implica anche la necessità di fornire articoli sicuri che garantiscano un profitto al cliente, indipendentemente dal suo investimento.

Cornici di perdita

L'adagio del marketing "maggiore è il rischio, maggiore è il rendimento" è particolarmente vero in questo caso. È proprio questo il fondamento delle cornici di perdita.

Le persone e i gruppi corrono dei rischi quando adottano una struttura di perdita, scommettendo su un guadagno inferiore, preferiscono rischiare una perdita significativa in cambio di un grande guadagno piuttosto che una piccola perdita garantita in cambio di un guadagno modesto.

Cornici temporali

Il più delle volte, gli individui preferiscono avere una piccola ricompensa adesso piuttosto che una più grande in seguito. Vogliono un piacere immediato perché non possono aspettare. Questa è la natura fondamentale della psiche umana e la base dei periodi.

Cornici di valore

La tendenza naturale degli esseri umani a reagire alle notizie che riguardano o influenzeranno qualcosa a cui tengono è alla base delle cornici di valore. Le stesse informazioni possono essere presentate in modo più accattivante ed efficace.

Cornici per obiettivi

In definitiva, tutti vorremmo avere accesso a conoscenze che ci indirizzino verso i nostri obiettivi. Si tratta di una considerazione essenziale durante il processo di definizione degli obiettivi.

Gli obiettivi normativi, edonici e orientati al guadagno sono i tre tipi di obiettivi che ne costituiscono la struttura. Gli obiettivi edonici sono le motivazioni che spingono le persone a lavorare per sé stesse. Gli obiettivi di guadagno si hanno quando si cerca di accumulare una risorsa, mentre gli obiettivi normativi includono il lavoro per il benessere del gruppo.

È ora di mettere a frutto le vostre conoscenze sugli effetti delle cornici, ora che conoscete i vari tipi di cornici e il modo in cui utilizzarle per il vostro marketing darà effetti diversi.

Inquadrare l'affetto nel marketing del marchio

In un certo senso, il branding è l'abilità di presentare le informazioni in modo che risuonino con un pubblico specifico.

L'efficacia delle comunicazioni di marketing nel modificare le azioni dei consumatori è fondamentale per il settore. Secondo l'effetto framing, la stessa informazione può suscitare risposte diverse a seconda di come viene inquadrata. Per rendere i loro dati utili al pubblico a cui sono destinati, gli esperti di marketing devono scoprire il contesto più appropriato per i loro messaggi.

Marketing

L'essenza del marketing consiste nel trovare la presentazione più persuasiva per un messaggio. Un marketer esperto sa come entrare in contatto con il proprio pubblico di riferimento facendo leva sui suoi interessi.

Se siete esperti di marketing, dovete imparare di più sull'effetto di framing per migliorare il vostro modo di pensare. Potete generare soluzioni più efficaci suddividendo il problema nelle sue componenti: cornice di guadagno, cornice di perdita, cornice di tempo, cornice di valore e cornice di obiettivo.

Qual è il contesto migliore per trasmettere questa conoscenza a questo gruppo di persone? Mettetelo alla prova se siete ancora confusi.

Pensate se potete migliorare l'efficacia dei vostri quadri combinandoli. Per convincerli di un vantaggio significativo in qualcosa che sta loro a cuore, potreste, ad esempio, combinare il frame del guadagno con quello del valore.

Branding

Il successo del marketing si ottiene individuando e parlando direttamente al target di persone interessate alla soluzione o al marchio fornito.

Il branding è la pratica di creare un nome e un'immagine per un prodotto o un servizio rivolgendosi a un pubblico target in base ai suoi valori e alle sue priorità di vita.

Ad esempio, Tesla attrae clienti che si preoccupano di ridurre la loro dipendenza dai combustibili fossili e vogliono risparmiare sui costi guidando meno.

L'azienda Nike è un'altra di queste. Si rivolge a tutti coloro che hanno a cuore la vittoria e vogliono migliorare le proprie capacità fisiche.

Una volta che un'azienda determina i clienti ideali per i suoi prodotti o servizi, comunicare con loro e creare i loro messaggi diventa semplice. Non dovendo preoccuparsi di offendere qualcuno, il copywriting diventa molto più agevole. Anche la procedura di progettazione grafica è semplificata.

Trascuratezza dell'estensione

Come bias cognitivo, l'extension neglect si verifica quando la dimensione del campione viene trascurata anche se gioca un ruolo cruciale nelle conclusioni. Per fare un esempio, l'extension neglect si verifica quando, un lettore, deduce una popolazione da un campione, senza considerare quanti individui hanno partecipato alla ricerca (la dimensione del campione). Tuttavia, gli errori statistici nel testare le ipotesi possono insinuarsi nei risultati se la dimensione del campione è troppo piccola. Se i partecipanti alla ricerca sono troppo pochi, uno qualsiasi di loro potrebbe avere punteggi stranamente alti o bassi (un outlier) e quindi i risultati sarebbero distorti, poiché non sarebbero mediati. Tuttavia, le dimensioni del campione non sono spesso presentate in modo chiaro negli studi scientifici, per cui un lettore può essere indotto a fidarsi delle conclusioni dell'articolo anche se il campione è troppo piccolo.

Il giudizio per prototipi, di cui l'euristica della rappresentatività è un sottoinsieme, sarebbe responsabile dell'abbandono delle estensioni.

Il termine "né universale né assoluto" descrive al meglio l'effetto di estensione. La valutazione dell'insieme è una funzione del valore di un prototipo membro dell'insieme, più la dimensione dell'insieme, anziché essere moltiplicata per la dimensione dell'insieme se la dimensione dell'insieme viene messa direttamente a fuoco, come descritto "dall'effetto di estensione additiva".

Rischio zero

Il nostro desiderio di un ambiente privo di rischi è una sorta di pregiudizio del rischio zero. Gli esseri umani scelgono scenari a rischio zero rispetto a quelli che possono offrire un pericolo minore perché troviamo conforto nel numero zero.

Dove si svolge

La maggior parte di noi trascorre le proprie giornate in luoghi che non favoriscono la capacità di giudizio. Aiutiamo le aziende di ogni tipo a identificare le origini dei bias cognitivi e a implementare contromisure efficaci.

La persona media non ha la capacità mentale di calcolare la probabilità esatta di un evento e ancor meno pensa attivamente di farlo. Si affida invece alle proprie reazioni istintive per valutare le potenziali opportunità. Una probabilità di catastrofe dell'1% può pesare molto sulla nostra mente, quindi evitare anche questa piccola possibilità e garantire una probabilità dello 0% può essere preferibile.

Effetti individuali

Il processo decisionale può essere agevolato dall'eliminazione del rischio, che è un fattore positivo nell'affrontare situazioni probabilistiche. Una ricerca ha rilevato che quando agli intervistati è stata data la possibilità di scegliere tra la riduzione del rischio dal 5% allo 0% e la riduzione dello stesso rischio dal 50% al 25%, i partecipanti hanno preferito la prima.

La scelta di un'opzione inferiore è un risultato comune del cedimento al fascino della certezza. La presentazione ai partecipanti di situazioni ipotetiche, spesso etichettate con probabilità in termini di rischio, è fondamentale per lo studio del pregiudizio del rischio zero. Ma è importante notare che le scelte nel mondo reale non sono sempre così bianche e nere come nelle situazioni controllate di laboratorio. Sebbene l'enfasi posta dal bias di rischio zero sui compromessi possa non essere rilevante per tutti, l'idea di favorire una scelta priva di rischi rispetto a un'altra lo è.

Effetti sistemici

Una cultura di tolleranza zero può influenzare in modo significativo la percezione che il pubblico ha della volontà di un'organizzazione di correre rischi. Alcuni esempi di queste situazioni ipotetiche si possono trovare nelle discussioni sul terrorismo, sulla violenza delle armi e sugli incidenti automobilistici e sulle rispettive scelte politiche. I politici potrebbero essere dissuasi dal concentrarsi completamente sulla riduzione del rischio dalle richieste dell'opinione pubblica di una società priva di rischi.

Il pregiudizio del rischio zero può avere un impatto sul processo decisionale dei dirigenti a livello organizzativo. L'assunzione di rischi calcolati è una chiave del successo aziendale, in particolare per le imprese nuove ed emergenti. Le aziende con una propensione all'evitamento del rischio possono rinunciare a importanti prospettive di espansione.

Causa ed effetto

Il pregiudizio del rischio zero è un esempio di pregiudizio cognitivo che funziona come una scorciatoia mentale. La saggezza convenzionale vuole che l'uso di queste tecniche possa ridurre lo stress mentale. Invece di dedicare il tempo e l'energia necessari per scegliere la linea d'azione migliore, si sceglie l'opzione più sicura e garantita.

Il fascino dello 0% può essere in parte spiegato dall'avversione alle perdite, una nozione ben consolidata nella ricerca comportamentale. Per un'analisi più approfondita, si consideri la Teoria del Prospetto2 proposta da Kahneman e Tversky, secondo la quale le perdite potenziali intimoriscono più dei profitti potenziali. Eliminare il potenziale di perdita, evitando il rischio, può essere così tranquillizzante da diventare più apprezzato dell'aumento delle probabilità di guadagno.

Il concetto di "rischio come emozione" avanzato dall'economista comportamentale George Lowenstein e dai suoi collaboratori è in linea con questa linea di pensiero.

Ciò implica che la potenzialità di un evento è più significativa per le emozioni delle persone rispetto alla sua effettiva probabilità statistica quando si ha a che fare con l'incertezza. Quando scegliamo condizioni di ambiguità, spesso ci affidiamo a questi indizi intuitivi, che potrebbero concretizzarsi in scorciatoie mentali come il bias del rischio zero.

Perché è importante

È importante prendere decisioni di fronte al rischio e all'incertezza in molti campi, tra cui la salute pubblica, i mercati finanziari, la strategia politica, la sicurezza e la gestione aziendale. Data la posta in gioco, può essere difficile trovare un equilibrio tra la domanda di certezza del pubblico e l'alternativa ideale quando si decide in uno di questi settori. Riconoscere il pregiudizio del rischio zero è importante per il proprio processo cognitivo e per prevedere come gli altri reagiranno alle proprie azioni.

Come evitarlo: una guida

Può essere difficile fare un passo indietro e considerare cosa farebbe un attore razionale in una determinata situazione, ma farlo può aiutarvi a valutare il vostro processo decisionale e a determinare se la paura di una perdita o la salienza emotiva di un potenziale guadagno stiano influenzando le vostre scelte. Chiedetevi se la promessa di una sicurezza totale sia più importante della possibilità di una piccola diminuzione del pericolo.

Come è iniziato tutto

Come fenomeno cognitivo distinto, il bias del rischio zero viene comunemente fatto risalire al lavoro scritto da Kip Viscusi, Wesley Magat e Joel Hubert nel 1987. Tuttavia, i risultati precedenti suggeriscono una preferenza per la certezza rispetto alla riduzione del rischio complessivo, come la Teoria del Prospetto.

4 Chiedendo ai partecipanti quanto sarebbero disposti a spendere per eliminare la possibilità di effetti avversi dai prodotti per la pulizia, i ricercatori hanno scoperto l'esistenza di "premi di fiducia" nella rimozione del rischio (insetticida e detergente per la tazza del water). Sebbene entrambe le riduzioni del rischio siano statisticamente insignificanti, Viscusi e colleghi hanno scoperto che i consumatori erano disposti a pagare fino a tre volte di più per ridurre la probabilità di effetti avversi da 5/15.000 istanze a 0/15.000 che per una riduzione del rischio da 15/15.000 a 10/15.000.

Effetto struzzo

Le persone sono inclini all'effetto struzzo, un pregiudizio cognitivo che si verifica quando si cerca di evitare di pensare o parlare di cose che si ritengono sconvolgenti. Se siete già indietro con le bollette e avete paura di quello che vedrete, l'effetto struzzo può farvi evitare del tutto di guardarle.

È fondamentale comprendere l'evitamento delle informazioni, poiché può portare a conseguenze negative in un'ampia gamma di contesti. In questo articolo, quindi, imparerete di più sull'effetto struzzo e su come tenerne conto correttamente.

L'effetto struzzo: Alcuni esempi di vita reale

Molte descrizioni dell'effetto struzzo sono tratte da analisi sul modo in cui gli individui affrontano i dati economici. Alcune ricerche hanno dimostrato che gli investitori "nascondono la testa sotto la sabbia" quando il mercato va male, ma esaminano regolarmente i loro portafogli quando i tempi sono buoni. Anche se l'esame delle partecipazioni potrebbe aiutare questi investitori a fare scelte migliori, non è questo il caso.

Come le persone evitano le informazioni

Per evitare di imparare qualcosa, molti individui utilizzano delle strategie, come ad esempio, evitare negativamente qualcuno a livello fisico. La prima fase dell'evitamento consiste nel non esporsi a materiale potenzialmente sconvolgente. Una ricerca ha rilevato che gli individui avevano la possibilità di evitare le situazioni in cui potevano essere esposti a certi tipi di informazioni, come certi tipi di media, certi tipi di persone e certi tipi di discorsi.

Di seguito alcuni esempi a riguardo:

- disattenzione: quando le informazioni sono facilmente accessibili, questo tipo di evitamento consiste nel non prestare loro la dovuta attenzione;
- pregiudizio negativo nell'analisi dei dati: come tipo di evitamento, questa strategia comporta la reinterpretazione dei dati per minimizzare o eliminare le conseguenze potenzialmente negative;
- dimenticare: dimenticare i fatti sgraditi dopo averli assorbiti è l'ultima forma di negazione.

Sebbene la prima strategia - l'evitamento fisico - sia quella più frequentemente collegata all'evitamento delle informazioni in generale e all'effetto struzzo in particolare, ogni strategia fornisce un mezzo realistico per evitare conoscenze spiacevoli.

I motivi per cui la gente non vuole sapere

Il motivo principale per cui gli individui non vogliono imparare qualcosa è l'effetto emotivo negativo che prevedono avrà su di loro, almeno a breve termine, anche se a lungo termine pagheranno un prezzo più alto per questo.

L'effetto struzzo e la tendenza a ignorare le informazioni rilevanti sorgono naturalmente "in ogni circostanza in cui gli individui sono emotivamente coinvolti dalla conoscenza e hanno una certa capacità di nascondersi da essa", come dicono gli autori. Poiché "la conoscenza spinge [le persone] ad affrontare e assorbire probabili delusioni che cognitivamente preferirebbero evitare", ciò è vero "anche quando ciò compromette la qualità del processo decisionale".

Ciò può implicare, ad esempio, che gli individui ritardino l'apprendimento di qualcosa se potrebbe compromettere il loro obiettivo di autovalorizzazione o il mantenimento di una percezione positiva di sé.

Inoltre, ricordate che ci sono altri contesti in cui l'evitamento delle informazioni potrebbe verificarsi, ad esempio quando non si prevede che un maggior numero di dati possa migliorare il processo decisionale e si cerca di evitare di sentirsi sopraffatti.

Determinare quando ignorare le informazioni

Sebbene l'evitamento delle informazioni, in generale, non sia necessariamente una buona cosa e ci siano situazioni in cui può essere vantaggioso, l'effetto struzzo viene spesso considerato perché rappresenta una decisione irrazionale di evitare le informazioni anche quando queste potrebbero portare a un risultato complessivamente positivo.

In altri casi, può essere preferibile non approfondire le conoscenze, ad esempio quando si ha poco tempo a disposizione e si trovano sempre più dati che non cambiano radicalmente la decisione.

Allo stesso modo, supponiamo che siate intenzionati a detenere un determinato titolo a lungo termine, ma che sappiate che controllare la sua performance renderà più difficile non venderlo troppo presto. In questo caso, limitare l'esposizione alle informazioni sul titolo potrebbe aiutarvi a mantenere la calma e la posizione.

Detto questo, è fondamentale ricordare che ci sono situazioni in cui è giusto ignorare consapevolmente i fatti se ciò migliora il processo decisionale o fornisce qualche altro vantaggio. Nella maggior parte dei casi, dovrete scegliere consapevolmente di ignorare i dati dopo aver risposto alle due domande seguenti:

perché dovrei preoccuparmi di acquisire e analizzare questi dati se non c'è nulla di utile per me? Per esempio, sarò in grado di fare una scelta migliore in questo caso specifico grazie ad essi?

Cosa rischio esattamente se non vado avanti a raccogliere e analizzare questi dati? Che ne dite della domanda se mi farà sentire solo orribile senza influenzare in alcun modo il mio giudizio?

Con meno da guadagnare e più da perdere, dovreste esitare di più a cercare la conoscenza a portata di mano.

Nel marketing

Alcune aziende potrebbero giudicare immediatamente questi acquirenti come pigri. Purtroppo non è così. Ricercatori nel campo delle neuroscienze hanno dimostrato, in una ricerca pubblicata sul Journal of Economic Behavior & Organization, che il tributo mentale ed emotivo della paura di un esito negativo è paragonabile a quello di un'esperienza reale. Nell'ambito di questa ricerca, l'attività cerebrale dei soggetti è stata simile a quella di una persona che viene fulminata poco prima di subire una dolorosa scossa elettrica. L'anticipazione della scossa è peggiore dell'esperienza, e lo si capisce dalla faccia che fa la persona in quel momento.

Applicare i principi:

fornite ai clienti struzzi un percorso sicuro da seguire. A questo scopo, potete utilizzare gradienti di target alla cassa per rassicurare i clienti che sono sulla strada giusta e definire chiaramente il processo di acquisto.

Considerate la possibilità di sfruttare l'automazione dei carrelli abbandonati di Mailchimp per spingere i potenziali clienti all'acquisto o di implementare pagine di destinazione shoppabili per semplificarne il processo.

Realismo ingenuo

Una tendenza nota come "realismo ingenuo" è la convinzione errata che la propria interpretazione distorta del mondo rappresenti accuratamente la realtà. Si presume che tutti gli altri vedano il mondo come noi, senza essere influenzati dai loro sentimenti, dalla loro storia o dal loro background culturale. La premessa del realismo ingenuo è che viviamo in un mondo reale e oggettivo che può essere visto da noi stessi e dagli altri.

Il realismo ingenuo appartiene ai pregiudizi egocentrici che dimostrano che dipendiamo troppo dal nostro punto di vista e non ci rendiamo conto che si tratta di un punto di vista personale. Questi pregiudizi ostacolano la nostra capacità di vedere le cose dal punto di vista degli altri, causando incomprensioni e conflitti.

Causa ed effetto

Quando vediamo il mondo come un dato di fatto, soffriamo dell'errore cognitivo noto come realismo ingenuo. Il pregiudizio del falso consenso cristallizza questa fallacia, inducendoci a credere che il nostro punto di vista sia corretto perché la maggior parte degli altri è d'accordo con noi.

Si può dire che il realismo ingenuo esista come sottoprodotto dei nostri processi cognitivi. Quando utilizziamo l'elaborazione dall'alto verso il basso, partiamo dal quadro generale e arriviamo ai dettagli. Le nostre nozioni preconcette offuscano il nostro giudizio, rendendo difficile concentrarsi sui dettagli di una situazione. L'elaborazione dall'alto verso il basso viene utilizzata perché siamo costantemente bombardati da informazioni.

Come ulteriore fattore, il realismo ingenuo nasce perché è difficile per noi accettare la possibilità che il mondo che vediamo non sia quello che esiste veramente. Crediamo che sia possibile comprendere la reale condizione delle cose, poiché esse hanno una vita propria. Tuttavia, ci sono tradizioni filosofiche che sostengono che non esiste una realtà materiale autonoma, almeno non accessibile ai sensi umani. Queste posizioni filosofiche, note come idealismo e realismo indiretto, ritengono che le nostre visioni del mondo materiale siano inestricabilmente legate alla realtà.

Motivazioni

È stato dimostrato che il realismo ingenuo può avere effetti negativi e alimentare i conflitti. Ci rende meno aperti e più difficili da gestire nelle conversazioni. Non è solo una perdita di intelligenza, ma può anche avvelenare i nostri legami. Quando non si apprezza il contributo dei propri cari, si creano tensioni.

Guida per evitarlo

Fortunatamente, essere consapevoli del realismo ingenuo può aiutare a mitigarne le conseguenze. Possiamo progredire verso una mentalità più accogliente e compassionevole quando iniziamo a smantellare il nostro egocentrismo, accettando che la nostra visione del mondo è soggettiva e deformata dai nostri pregiudizi.

Meytal Nasie, accademico israeliano, e i suoi colleghi hanno studiato la possibilità che il realismo ingenuo possa essere superato dalla consapevolezza di sé nel 2014. Hanno fatto leggere ad alcuni studenti una spiegazione del realismo ingenuo, mentre altri hanno letto qualcosa di irrilevante per il fenomeno psicologico. Poi, ogni squadra ha letto un testo di un autore palestinese che affronta le problematiche della società contemporanea. Si prevedeva che il lungo conflitto israelo-palestinese avrebbe impedito ai lettori di relazionarsi con il paragrafo o di leggerlo. Gli studenti che hanno letto la descrizione del realismo ingenuo, tuttavia, hanno mostrato una maggiore ricettività alle idee e ai punti di vista degli autori rispetto a quelli del gruppo di controllo, secondo la ricerca di Nasie et al.

La semplice lettura di questo articolo ridurrà la vostra suscettibilità al realismo ingenuo, secondo i risultati di una recente ricerca scientifica. Un inizio meraviglioso.

Come è iniziato

Kurt Lewin, psicologo tedesco-americano, coniò inizialmente il termine "realismo ingenuo" all'inizio del XX secolo. Il nostro comportamento, compresa la nostra percezione, è soggettivo e separato dalla realtà fisica, come proponeva nella sua teoria del campo, secondo la quale esso deriva dall'interazione tra l'individuo e il suo ambiente psicologico. Anche se Lewin non ha inventato l'espressione "realismo ingenuo", è stato fondamentale nel generare ricerche sul legame tra il modo in cui interpretiamo il mondo e le sue manifestazioni fisiche.

Pregiudizio personale

Quando una persona ha un pregiudizio di autoservizio, è più probabile che attribuisca i risultati favorevoli ai propri sforzi, mentre attribuisce quelli negativi a cause esterne. Numerosi fattori, tra cui l'età, il background culturale, la diagnosi clinica e altri, possono giocare un ruolo. La sua prevalenza nelle popolazioni è elevata.

Controllo della messa a fuoco

Il termine "locus of control" (LOC) descrive le ipotesi e i giudizi di un individuo su ciò che fa accadere le cose. Esistono LOC interni ed esterni.

Il LOC interno di una persona determina il credito che essa si attribuisce per i risultati ottenuti. Chi si affida a un LOC esterno attribuisce i propri risultati alla fortuna o ad altre forze esterne.

Le persone con un locus of control interno possono avere maggiori probabilità di essere prevenute a proprio favore, in particolare per quanto riguarda i risultati ottenuti.

Motivazioni del pregiudizio

Alcuni ricercatori hanno proposto che il pregiudizio di autoservizio abbia due fattori principali: il desiderio di migliorare la propria immagine e il desiderio di apparire più impressionanti agli occhi degli altri.

Valorizzazione di sé

Il senso di autostima deve essere mantenuto e a questo scopo si può ricorrere alla nozione di autovalorizzazione. Utilizzando il pregiudizio dell'autoservizio, una persona può mantenere intatto il proprio senso di orgoglio e di dignità attribuendo a sé stessa le cose buone e incolpando gli altri per quelle cattive.

Prendiamo ad esempio uno strikeout nel baseball. Potreste convincervi di essere un ottimo battitore anche se l'arbitro ha decretato degli strike, su lanci che non erano strike.

Autopresentazione

Ciò che mostriamo agli altri individui quando ci presentiamo è ciò che chiamiamo la nostra "autopresentazione". È lo sforzo di creare un'impressione specifica dei propri simili. Questo pregiudizio a favore dei propri interessi è utile per preservare il proprio personaggio pubblico.

Per dare l'impressione di essere uno studente diligente, si può dire di essere impreparati all'esame mentre, in realtà, era solo mal formulato.

Si potrebbe dire: "Sono stato sveglio tutta la notte a studiare, ma le domande non erano basate sul contenuto che ci era stato dato". L'autopresentazione non è la stessa cosa della menzogna. È possibile che siate rimasti svegli tutta la notte a studiare, ma l'idea che avreste potuto sprecare il vostro tempo non vi sfiora.

Nel marketing

Quando è stata l'ultima volta che avete visto un ritorno significativo sul vostro investimento di marketing? Riuscite a ricordare quali passi avete fatto per ottenerlo? È incredibile pensare alla pianificazione, alla cooperazione e al duro lavoro che hanno portato a questa vittoria. Dall'altro lato, considerate il vostro ultimo tentativo di pubblicità non riuscito. Avete idea di cosa possa aver portato a questo risultato?

È qui che molte aziende sbagliano. Questo errore si verifica quando si accetta la responsabilità personale per i propri risultati, mentre si incolpano gli altri o le circostanze per le proprie mancanze. Gli individui attribuiscono i risultati positivi ai propri sforzi, mentre i risultati negativi a cause esterne.

Forse avete modificato il vostro approccio di marketing e avete registrato un forte aumento delle vendite, per poi scoprire che gli ulteriori tentativi di ricreare l'aumento delle vendite utilizzando lo stesso approccio non hanno avuto successo. Sarebbe semplice dare la colpa a fattori esterni come il mercato, la vostra strategia di marketing, i concorrenti, ecc. Tuttavia, non è realistico prevedere risultati identici. L'unico modo per progredire è sperimentare continuamente nuove idee.

A nessuno piace puntare il dito contro sé stesso, ma a volte è l'unico punto di partenza per risolvere un problema. La prossima volta che la vostra azienda subisce un calo delle vendite, cercate di capire come avreste potuto lavorare di più, essere più inventivi o utilizzare meglio le vostre risorse. Se credete che il vostro marketing sia eccellente, vi sbagliate.

Il marketing è fatto di tentativi ed errori, perché non si sa mai cosa avrà successo e cosa no. Una strategia di marketing di successo è il risultato di un'attenta analisi delle prestazioni passate e di proiezioni informate sul futuro. Il successo delle vostre campagne di marketing raramente sarà attribuibile solo ai vostri sforzi. È necessario tenere costantemente conto delle variabili provenienti dal mondo esterno. Allo stesso modo, quando si fallisce, non è mai colpa di una sola cosa, per cui non bisogna ancora darsi per vinti.

Per raggiungere i propri obiettivi, è importante ricordare che non si è completamente responsabili dei propri successi e dei propri fallimenti. Per andare avanti e migliorare noi stessi, dobbiamo spesso fare il punto della situazione e valutare onestamente dove potremmo aver bisogno di lavorare.

Altri fattori che possono determinare il pregiudizio di autoservizio

Più aspetti possono influenzare la tendenza all'interesse personale di una persona.

Uomini contro donne

Molti ricercatori hanno esaminato se esistano o meno variazioni di genere nel pregiudizio di autoservizio, ma una meta-analisi del 2004 ha indicato che è difficile da individuare.

Questo non solo perché gli studi che esaminano le variazioni di sesso nelle attribuzioni hanno dato risultati contraddittori. È perché gli studi hanno dimostrato che la misura in cui le persone attribuiscono i loro successi e i loro fallimenti a cause esterne varia con l'età e la soggettività.

Età e gioventù

La propensione ad agire in modo vantaggioso solo per sé stessi può evolvere. Le persone anziane possono avere meno probabilità di sperimentare questo fenomeno. Potrebbe esserci una componente emotiva o esperienziale.

Il bias positivo può essere minore negli anziani (la tendenza a giudicare i tratti positivi come più accurati).

Poiché l'individualismo spinto è molto apprezzato nella società occidentale, un pregiudizio che favorisca i propri interessi può essere utile. Nelle civiltà più collettiviste il successo e il fallimento sono attribuiti al gruppo. In questi gruppi, i membri capiscono che le loro azioni hanno conseguenze per gli altri.

Come possiamo essere sicuri di non essere solo prevenuti a nostro favore?

I metodi per determinare se qualcuno è prevenuto o meno a nostro favore includono:

- esecuzione di test in laboratorio;
- risonanza magnetica del cervello;
- autodichiarazione con il senno di poi.

La ricerca condotta in un ambiente controllato può far luce sulle cause e sulle manifestazioni del pregiudizio e offrire suggerimenti per attenuarlo. Le neuroimmagini aiutano gli scienziati a vedere quali regioni cerebrali sono attive quando esprimiamo giudizi e attribuiamo cause agli eventi. L'autodiagnosi è utile perché fornisce risultati basati su azioni precedenti.

Fenomeno Baader-Meinhof

Il fenomeno Baader-Meinhof, noto anche come "illusione della frequenza", è un pregiudizio cognitivo che spiega perché tendiamo a notare una frequenza insolitamente alta per un nome, una frase o un elemento a cui abbiamo assistito di recente. Quindi, per dirla in altro modo, è pervasivo.

Quell'oggetto doveva essere lì da sempre, ma voi non lo sapevate. Parliamo delle implicazioni di questo fatto per la pubblicità.

Baader-Meinhof è un fenomeno i cui effetti sono subconsci

L'effetto Baader-Meinhof si verifica quando una persona impara qualcosa di nuovo e vede ovunque esempi di quella conoscenza. Questo fenomeno, spesso noto come recency bias, esiste per due motivi principali.

La prima è "l'attenzione selettiva", che si verifica quando il cervello cerca attivamente i dettagli su un argomento specifico.

Il secondo è il bias di conferma, che si verifica quando il cervello interpreta la ripetuta comparsa di prove a favore di un argomento come prova definitiva di un inatteso aumento dell'interesse per quell'area.

Questo fenomeno ci fa capire quanto sia cruciale la cura.

Perché: in qualità di esperti di marketing, conoscete senza dubbio la natura cruciale di coltivare la vostra clientela o il vostro target demografico. I marchi devono cercare di essere la prima cosa a cui i consumatori pensano quando si trovano di fronte a un'esigenza o a un'opportunità legata ai loro prodotti o servizi.

Avete mai sentito dire: "Quando ci ho pensato, siete stati la prima persona che mi è venuta in mente". Che risparmio di tempo sarebbe, se il nome della vostra azienda, diventasse sinonimo di qualità nel suo settore.

Questo può essere ottenuto più rapidamente con fenomeni psicologici come il gruppo Baader-Meinhof. È sufficiente curare la propria base di fan in crescita.

Come: Promuovete la vostra attività facendo sapere che esiste con contenuti coinvolgenti che spingano i lettori a chiedersi come hanno fatto senza la vostra offerta.

Seguiteli utilizzando strategie come le e-mail personalizzate, gli annunci di retargeting e l'aumento degli annunci sui social media.

L'idea è di entrare nella loro coscienza per farsi notare, e poi il fenomeno Baader-Meinhof si occuperà del resto.

Quando si parla di fenomeno Baader-Meinhof e di bias di conferma, le due cose vanno di pari passo.

Perché: ho già indicato che l'attenzione selettiva e il bias di conferma sono i due fattori principali del successo del fenomeno Baader-Meinhof.

Utilizzate i bias di conferma per convincere gli acquirenti che siete l'opzione migliore da cui acquistare. Il bias di conferma si riferisce alla ricerca di informazioni che supportino le proprie convinzioni preesistenti, anche se tali dati sono neutri.

Una volta che ci si è permessi di prendere in considerazione una certa idea, è molto più semplice prenderla in considerazione ancora e ancora. Per la natura del fenomeno Baader-Meinhof, il pregiudizio di conferma rafforza i sospetti preesistenti.

Come: Promuovete costantemente un'immagine favorevole della propria azienda. Mantenere un'immagine favorevole è importante per il marchio, e per gli effetti perniciosi del priming negativo sulle campagne di marketing.

Utilizzate la pubblicità per rafforzare le impressioni positive sul vostro marchio dopo che questo è stato impiantato nel loro cervello. Assicuratevi che il vostro punto (o i vostri punti) di vendita si distinguano. Anche se tutti gli altri fanno la stessa cosa, se la vostra azienda è la prima a rendere pubblica questa pratica, i consumatori la identificheranno con il vostro nome.

Il bias di conferma e l'illusione della frequenza: uno strumento per i marketer

Questi concetti possono essere efficacemente integrati in un piano di marketing. Dopo tutto, il vostro approccio mira a far entrare il nome della vostra azienda nella mente dei potenziali acquirenti. Una volta che l'idea ha preso piede, può essere rafforzata attraverso il marketing.

Un business distinto, che risalti nella mente del cliente è vantaggioso, se un determinato prodotto/marchio viene riconosciuto per tempo, è più probabile che i consumatori lo associno al vostro marchio, anche se i vostri rivali lo tratteranno in seguito.

Esistono tre tecniche per influenzare le scelte dei potenziali clienti a vostro favore.

L'utilizzo ripetuto dello stesso messaggio di marketing potrebbe creare un'illusione di frequenza.

Per sfruttare al meglio questa tendenza, è fondamentale diffondere il messaggio del proprio marchio in ogni occasione. Per avere successo, il vostro prodotto deve distinguersi dalla concorrenza. Iniziate la vostra campagna pubblicitaria con un messaggio convincente, un titolo che attiri l'attenzione e immagini adeguate.

Una volta ottenuta l'attenzione del pubblico, potete utilizzare numerosi mezzi come la televisione, la radio, i social media e i cartelloni pubblicitari per diffondere il vostro messaggio in lungo e in largo. Scegliete i canali in cui il vostro pubblico target trascorre già del tempo.

Il retargeting e la pubblicità a pagamento sul web sono due metodi molto efficaci. Se fate una di queste cose, potete essere certi che i vostri potenziali acquirenti non saranno in grado di sfuggire all'illusione di frequenza che avete creato.

Combinare "l'illusione della frequenza" con la "teoria della riprova sociale".

Che cos'è l'idea della riprova sociale? Gli esseri umani hanno una tendenza naturale a copiare le azioni e le convinzioni degli altri intorno a loro quando non sono sicuri delle proprie scelte, il che rende questo strumento potente per persuadere i consumatori ad acquistare.

I clienti che sono indecisi possono essere convinti dall'uso di testimonianze, recensioni e commenti come "nove mamme su 10 suggeriscono...".

Il bias di conferma e l'illusione della frequenza

Potete convincere gli acquirenti a scegliere i vostri prodotti rispetto a quelli della concorrenza utilizzando il bias di conferma. Quando i clienti le cercano, possono trovare informazioni di supporto che sostengono che il vostro prodotto è superiore ai concorrenti. Questo è vero, anche se le prove non sono definitive in un senso o nell'altro.

Convincere le persone che il vostro prodotto è superiore attraverso un'azione di marketing coinvolgente sarà sufficiente a conquistarle; il pregiudizio di conferma e il Fenomeno Baader Meinhof faranno il resto.

Tre modi in cui il fenomeno Baader-Meinhof influenza in modo occulto le decisioni di acquisto dei vostri clienti

Il fenomeno Baader-Meinhof e la persistenza della pubblicità ripetitiva

Il messaggio del vostro marchio deve essere ampiamente diffuso se volete capitalizzare il Fenomeno Baader-Meinhof.

Ricordate che il Fenomeno Baader-Meinhof può verificarsi solo dopo che le persone vengono a conoscenza dei vostri prodotti. Per attirare e far conoscere il vostro marchio al pubblico target, dovete innanzitutto creare un linguaggio pubblicitario convincente, un titolo accattivante e immagini memorabili.

Ora che avete la loro totale attenzione, potete bombardarli con il vostro messaggio attraverso molti mezzi, come i social media, la radio, la TV e i cartelloni pubblicitari. Selezionare le piattaforme in cui il vostro pubblico target trascorre il tempo è essenziale per essere visti da quel pubblico.

Potete fare in modo che i vostri consumatori disillusi dalla frequenza vi vedano ovunque utilizzando il retargeting e altri metodi di pubblicità web a pagamento.

Il risultato ideale è che si tratti di un piano a lungo termine in grado di sostenersi da solo. Il consumatore ha visto il vostro marchio dappertutto, quindi anche se non è pronto ad acquistare adesso, lo sarà in futuro. Se al potenziale cliente piace ciò che avete da offrire, probabilmente vi consiglierà a un amico che è alla ricerca di un prodotto simile.

Il Fenomeno Baader-Meinhof e la teoria della riprova sociale

Il termine "teoria della riprova sociale" è stato reso popolare dallo psicologo Robert Cialdini per descrivere la tendenza degli individui che non hanno consapevolezza di sé a imitare le azioni e le convinzioni dei loro pari.

La riprova sociale è uno strumento potente per influenzare i consumatori a fare un acquisto. Raccomandazioni di clienti precedenti e commenti come "quattro genitori su cinque lo consigliano" possono aiutare gli acquirenti esitanti a decidere.

Non vedo il collegamento con la banda Baader-Meinhof. Pensateci: secondo il fenomeno Baader-Meinhof, è più probabile che si noti qualcosa dopo averla conosciuta per la prima volta.

Ad esempio, supponiamo che abbiate scoperto il nuovo Fitbit Charge 2.

Sentite i vostri colleghi che ne parlano all'improvviso. Poi vedete un post su Instagram della vostra celebrità preferita che usa il prodotto e lo consiglia ai suoi fan.

Probabilmente la vostra mente non ha prestato molta attenzione al FitBit Charge 2 prima di sentirlo nominare, ma una volta che l'avete sentito, non siete riusciti a smettere di pensarci. Avete sentito tutti parlarne con entusiasmo e avete ignorato l'altro gruppo che parlava del nuovo Samsung Galaxy Gear Fit.

In altre parole, siete venuti a conoscenza di FitBit ultimamente e poi avete ascoltato selettivamente le recensioni di altri sul dispositivo, arrivando a pensare che FitBit fosse la scelta migliore e probabilmente l'unica per il vostro fitness tracker.

In conclusione, questi due fenomeni psicologici si completano a vicenda nell'incoraggiare i consumatori a fare determinati acquisti.

Per ottenere la massima efficacia, sarebbe utile combinare il Fenomeno Baader-Meinhof con la Teoria della riprova sociale. Recensioni e testimonianze di clienti soddisfatti possono essere trovate sul vostro sito web e su altri siti come Yelp per aiutare i clienti esitanti a fare un acquisto.

Baader-Meinhof e bias di conferma

Il Fenomeno Baader-Meinhof è efficace a causa dei pregiudizi di conferma e della tendenza a concentrarsi su alcuni dettagli.

Pensiamo per un attimo alla seconda spiegazione. In realtà, utilizzare i bias di conferma per convincere i clienti a scegliere la vostra azienda rispetto alla concorrenza è molto efficace. Il bias di conferma si riferisce alla tendenza a cercare informazioni che supportino le proprie convinzioni, anche se tali dati sono neutri.

Supponiamo, ad esempio, di aver sentito dire che i destrimani sono avvantaggiati in matematica. Ne siete convinti e tenete conto di ogni incontro con persone destrorse che sono anche forti in matematica come ulteriore prova. Nonostante l'evidenza del contrario, continuate a mantenere le vostre vecchie idee. Cercate le prove che le sostengono e ignorate quelle che le mettono in discussione, come il vostro amico mancino dotato in matematica.

In che modo tutto ciò ha a che fare con la pubblicità? Molto.

Una volta che i consumatori si sono formati un'idea preconcetta sul vostro prodotto, scartano selettivamente qualsiasi informazione che contraddica tale idea a favore di ulteriori prove a sostegno della loro ipotesi iniziale. Se riuscite a convincerli che il vostro prodotto ha benefici che nessun altro ha, lo compreranno e cercheranno prove a sostegno delle vostre affermazioni.

Printed by Amazon Italia Logistica S.r.l.
Torrazza Piemonte (TO), Italy

50395391R00054